HOLGER STROMBERG*

Iss einfach gut

systemed

Impressum:

Text und Lektorat:	Anna Cavelius, Schondorf a. Ammersee
Umschlaggestaltung:	David Hauptmann, Hauptmann & Kompanie Werbeagentur, Zürich, unter Verwendung eines Fotos von © Erwin Lanzensberger
Konzeption und Gestaltung:	Hauptmann & Kompanie Werbeagentur, Zürich
Fotografie:	Erwin Lanzensberger, Seiten 6, 14, 19, 23, 27, 29, 32, 41, 46, 95, 109, 112, 113, 116, 141, 147, 195 Studio L'Eveque, Seiten 10, 11, 48, 49, 50-51, 55, 58, 59, 60, 62, 63, 64, 66, 67, 69, 70, 71, 72, 74, 75, 86, 87, 118, 119, 126, 127, 131, 134, 135, 136, 137, 184, 185 Sabine Brauer Photos, Seiten 16, 17 Gasthaus Stromberg, Seite 20 StockFood, Seiten 78, 85, 90, 150, 151
Druck:	Himmer AG, Augsburg
ISBN:	978-3-942772-28-0

HOLGER STROMBERG*

Iss einfach gut

Das Prinzip Nahrungskette – einfach und pragmatisch erklärt vom Koch der Deutschen Fußballnationalmannschaft.

Mit Stimmen von Jogi Löw, Hansi Flick, Oliver Bierhoff und vielen Nationalspielern.

systemed

Richtig essen – geht doch!

Besserschmecker sind Gesundesser

Die Aaas und Ooohs der guten Küche

Die wunderbare Welt der Lebensmittel

Hier wohnt der Geschmack*

Liebe Leserin, lieber Leser,

sich gut und gesund zu ernähren scheint in Zeiten des Nahrungsüberflusses zu einer der kompliziertesten Angelegenheiten der Welt geworden zu sein. Immer mehr Menschen, Kinder, Jugendliche und Erwachsene verlieren den Bezug zu echten Lebensmitteln, können nicht mehr kochen oder lernen es erst gar nicht. Nicht wenige leiden unter Übergewicht und/oder ernährungsbedingten Beschwerden. Einerseits ist das Essen zu einer Selbstverständlichkeit geworden, der man 24 Stunden am Tag nachgehen und die man auch schnell zwischen zwei noch so knapp gelegte Termine quetschen kann. Andererseits stellt sich angesichts der Frage, wie richtig essen denn einfach geht, wachsende Ratlosigkeit ein. Eine Vielzahl immer neuer Diäten, Ernährungsumstellungen und wechselnde Ernährungstrends machen es noch komplizierter.

Der erste Schritt wird also sein, dem Genuss beim Speisen und dem Zubereiten von Mahlzeiten aus frischen Zutaten wieder Wertschätzung entgegenzubringen und sich mit einem, für unsere Lebensqualität und Gesundheit so bedeutsamen Alltagsaspekt zu beschäftigen: dem Essen.

Mit diesem Buch trete ich den Beweis an, dass gut essen gar nicht so schwierig ist. Ganz im Gegenteil: Es ist einfach! Mit diesem Buch, in dem die wichtigsten Fakten über eine ausgewogene, genussreiche Ernährungsweise versammelt sind, schaffen Sie es, gut zu kochen, gesund zu essen, gemeinsam zu genießen und sich glücklich zu machen. Das alles funktioniert in jeder Küche. Ich zeige Ihnen Schritt für Schritt, worauf es ankommt. Mit ausgewählten Basisrezepten (keines mit mehr als fünf Zutaten!) und den wichtigsten Küchenutensilien und -techniken ausgerüstet, kommen Sie garantiert auf den Geschmack. Ich lade Sie ein in die wunderbare Welt der Lebensmittel und des Kochens und Genießens, kommen Sie mit!

Alles Gute und viel Spaß beim Lesen wünscht,

Ihr Holger Stromberg

Leistung geht durch den Magen

Ob ich Geschmack daran finden würde, das Vorwort für sein neues Buch zu verfassen, hat mich Holger Stromberg vor einigen Monaten gefragt. Eine Art Vorspeise sollte es sein, Appetit machen auf das, was Ihnen in der Folge aufgetischt wird. Wie Sie sehen, hatte ich große Lust darauf, auch wenn das Buch dafür sorgen wird, dass der Telefonkontakt zwischen Holger und mir wohl zunächst auf Diät gesetzt werden wird.

Ich bin Trainer mit Leib und Seele, und nicht nur meine Oma hat mir schon früh beigebracht, dass Essen genau das zusammenhält. Im Lauf der Jahre kamen dann Erkenntnisse und Notwendigkeiten hinzu, die in mir eine hohe Sensibilität für das Thema »Ernährung« und im Besonderen für das der »gesunden Ernährung« wachsen ließ. Ich entwickelte eine Achtsamkeit im Umgang mit Speisen, Inhaltsstoffen, Zutaten und Gewürzen, die noch einmal durch diverse Allergien erhöht wurde.

Ich würde mich nicht als leidenschaftlichen Koch bezeichnen, aber wenn ich koche, dann gerne und mit einem besonderen Blick auf die Qualität der Zutaten. So nutzte ich dann auch in den vergangenen Jahren öfter mal das Privileg, mir telefonisch Tipps eines Sternekochs zu holen. Ein bisschen können Sie sich das vorstellen wie in dieser Werbung, in der sich plötzlich der Bildschirm teilt, zwei Männer am Herd stehen und sich über Rezepte austauschen. Nur, dass mein brutzelnder Freund weder Spyros aus Athen noch Luigi aus Rom ist. Ich habe Holger Stromberg am Ohr. Und um Fertiggerichte geht es nie.

Ich kann Ihnen versichern, dass Sie auf den nächsten Seiten ganz bestimmt auf Ihre Kosten kommen werden. Wir bei der Nationalmannschaft müssen es wissen, denn wir dürfen immer wieder aufs Neue Holgers kochende Leidenschaft genießen. Mein Austausch mit ihm auf Reisen, wenn es um die Beschaffung von gesunden Zutaten – egal, in welchem Land – geht, führt manchmal sogar dahin, dass ich den Frischkäse von dem kleinen Hersteller auf meinem heimatlichen Wochenmarkt quer durch Europa liefern lasse. Und das Ergebnis lässt sich immer sehen, denn jedes Mal sind wir alle begeistert von seinen Kreationen, die abgestimmt sind auf unsere Bedürfnisse, die sich auch von Ihren, liebe Fan- und Kochgemeinde, nicht besonders unterscheiden. Uns allen sollte es schließlich darum gehen, sich so zu ernähren, dass wir uns wohlfühlen und das Beste aus uns herausholen können – sei es als Sportler, Handwerker oder Manager. Ich weiß, dass gesunde Ernährung oft mehr Wunsch als Realität ist. Aber Holger Stromberg hilft uns dabei mit seinen Rezepten und einfachen Alltagstipps, die aus Essen eine gehaltvolle Nahrung machen und ganz ohne Magie und Effekthascherei nicht nur unseren Erfolgshunger stillen.

Sie merken schon: Kochen und Fußball haben viel mehr Gemeinsamkeiten als nur die Gewissheit, dass auch Leistung durch den Magen geht. Sie leben von Frische und dem Überprüfen auf die Haltbarkeitsdaten ausgewählter Mittel und Taktiken. Bisweilen muss man sich von Altbackenem trennen, um Raum für Neues zu schaffen. Eine gute Vorbereitung ist notwendig, ein eingespieltes Team, in dem keiner sein eigenes Süppchen kocht, die richtigen Zutaten und eine Raffinesse, die nicht allzu verspielt ist – denn Abwechslung muss sein: neues Pfeffer, neue Rezepte, bewährte Technik.

Auf das, was nun in mehreren Gängen folgt, habe nicht nur ich als Trainer der Nationalmannschaft immer große Lust. Ich bin sicher, auch Sie, liebe Leserinnen und Leser, werden die Anleitungen und Rezepte von Holger verschlingen. Und es wird Ihnen genauso gehen wie mir und meinem Team – Sie werden zahlreiche Tipps in Ihren Alltag übernehmen und merken, wie Sie sich tatsächlich besser, fitter, leistungsfähiger und damit auch ein bisschen zufriedener fühlen. Und so ist diese geschriebene Vorspeise vor allem ein Versprechen auf das, was da auf Ihren Tisch kommt.

Und lassen Sie es sich gesagt sein: Auf das schneidende Urteil von Holger Stromberg können Sie sich verlassen. Schon früh hat er erkannt, wo seine wahren Stärken liegen. Konsequent hat er auf die Position am Herd gesetzt, denn ein Geheimnis darf ich Ihnen sozusagen als Nachtisch reichen: »Keiner unserer Fußballer kocht auch nur annähernd so schlecht, wie Holger Fußball spielt.«

In diesem Sinn: viel Spaß beim Lesen, Kochen, Probieren, Genießen.

Hansi Flick
Co-Trainer Deutsche Fußballnationalmannschaft

Richtig essen – geht doch!

»Intuitiv weiß jeder von uns, was einem beim Essen und Trinken gut tut und was nicht. Wichtig: Lernen Sie, wieder auf Ihren Körper zu hören und trainieren Sie Ihre Geschmacksnerven!«

Vom Essen
und was wir uns wert sind

Jeden Tag essen wir, das fängt morgens an und hört abends vor dem Schlafengehen auf. Manche stehen sogar nachts noch auf, um zu gucken, ob im Kühlschrank noch alles drin ist. Aber das ist ein anderes Thema.

Alles so schön bunt hier

Essen ist heute eine Selbstverständlichkeit. Man kann es immer und überall tun, in unseren Breiten ist es außerdem noch ziemlich erschwinglich. Und man sogar Dinge essen, von denen man gar nicht genau weiß, was in ihnen steckt, aber dafür ist die Verpackung so schön bunt und Obst ist auch noch darauf abgebildet.

Dabei ist Essen eine ziemlich wichtige Angelegenheit, eine lebenswichtige, um genau zu sein. Zumindest war es das mal in grauer Urzeit, die dann irgendwann zu Großmutters Zeiten aufgehört hat zu existieren. Oder präziser: Mit der Industrialisierung der Lebensmittelbranche, als man Esswaren in Fabriken und Laboren herzustellen begann. Fertiglebensmittel waren eine ganze Zeit lang regelrecht schick. Selbst in Spitzenküchen wurde dann mit Glutamat hantiert – mein Vater, der ein großartiger Koch ist und in den 70er-Jahren auf Kreuzschiffen genussfreudige Gäste der damaligen Luxusklasse bekocht hat, arbeitete zum Beispiel auch noch mit Geschmacksverstärkern; einfach weil es jeder tat und weil es ein Trend war. Heute beschäftigen sich Brigaden an Wissenschaftlern damit, was solche Zusatzstoffe in Lebensmitteln anrichten. Die Beschwerden, die sie auslösen können, reichen vom sogenannten China-Restaurant-Syndrom bis hin zu Allergien und dubiosen Unverträglichkeiten, die einem das unbeschwerte Essen dann schwer machen. Nur: Das Künstliche hat (leider) heute dank einer findigen Lebensmittelindustrie seinen festen Platz auf den Tellern. Da gibt es Industriebrot, Kunstkäse, Ersatzschinken, künstliche Joghurtmischungen, bunte Limonaden.

Essen oder gegessen werden?

Essen ist in Zeiten des Nahrungsmittelüberflusses in den Industrieländern gewissermaßen zu einer Beschäftigung geworden, bei der man irgendetwas kaut und herunterschluckt, ohne genau zu wissen, was man sich da eigentlich zuführt. Und das bei einer lebenswichtigen Tätigkeit. Verstehen Sie mich nicht miss: Ich finde nicht, dass man sich rund um die Uhr mit Essen beschäftigen muss – wenn

Manuel Neuer im Gespräch mit dem Meisterkoch und Ernährungscoach.

man es nicht gerade professionell tut–, doch selbst dann, glauben Sie mir, tut man auch mal gelegentlich etwas anderes. Aber wenn man schon isst und das so wichtig für den Erhalt des Körpers und der guten Laune und allen voran der Gesundheit ist, dann kann man doch bitte sehr auch darauf achten, was man sich zwischen die Kiefer schiebt.

Sie merken schon, wohin die Reise geht. Ich wünsche mir, dass Sie sich mit dem beschäftigen, was Sie essen. Sie schauen ja vielleicht auch, dass Sie ein sicheres Auto fahren, einen tollen Plasmafernseher im Wohnzimmer haben oder Schuhe von fragen Sie mich wem im Schrank. Da achten wir darauf, dass alles vom Feinsten und Besten ist. Und kosten darf es im Zweifelsfall auch was. Also bei Dingen, die jetzt nicht ganz so wichtig sind wie Essen, da geht das. Es wäre aber toll und ist mir ein echtes Anliegen, wenn wir das alle auch mit unserer Ernährung halten würden. Glauben Sie mir, die Welt wäre ein ganzes Stück gesünder und schöner. Denn gut essen, das ist das pure Leben.

Warum ich Ernährungscoach wurde

Ich weiß das heute so zu schätzen, weil ich wie viele meiner Kollegen im zarten Alter von 30 Jahren mit den unangenehmen Folgen eines Burnouts konfrontiert wurde. Ich guckte eines Tages in den Spiegel und erkannte mich nicht mehr. Gut, ich hatte viel (zu viel) gearbeitet, sehr viel erreicht. Aber da wurde mir auf einen Schlag bewusst, dass ohne Gesundheit das alles nichts ist. Als Kind war ich lange dick – der leckeren literweise geschlürften Cola, ja, auch ein Trend damals, sei Dank. Heute bin ich es nicht mehr, aber meine Gelenke erinnern sich noch an die Zeit. Vielleicht braucht ja jeder von uns einen bestimmten Leidensdruck, um zum Thema Essen und Ernährung seine stimmige Philosophie zu finden.

Deshalb liegt mit heute das Thema Ernährung, Produktqualität und Gesundheit so am Herzen und so habe ich für mich – nicht nur, weil ich mich kulinarisch um das Wohlbefinden von Spitzensportlern kümmere – eine Entwicklung vollzogen, in der ich mich heute als Ernährungscoach sehe.

Was bedeutet eigentlich »kulinarische Intelligenz«?

Ich bin davon überzeugt, dass jeder von uns über eine kulinarische Intelligenz verfügt. Wir besitzen sie instinktiv, manches verlernt man mit der Zeit, vor allem, wenn man auf einseitige Geschmackserlebnisse gepolt ist. Aber Geschmack kann man auch (wieder) erlernen. Ich erlebe das in meiner Arbeit mit Schulkindern. Da ist ein ganz ursprüngliches Interesse da – als ob sie instinktiv wüss-

Na, schmeckt's?

Über Geschmack kann man sich streiten. Der Geschmack von Speisen kommt immer durch unterschiedliche Aromen zustande, die vom Geruchssinn wahrgenommen werden. In Urzeiten diente der Geschmack dazu, Nahrung zu prüfen, ob sie frisch und nicht giftig war. Bitterstoffe sind zum Beispiel häufig toxisch, weshalb sie für Kinder überaus gewöhnungsbedürftig sind. Obwohl ich auch Kinder kenne, die Artischocken mögen. Süß und »umami« (das bedeutet so viel wie herzhaft und trifft oft auf eiweißreiche Gerichte zu und auch auf solche, die mit Geschmacksverstärkern behandelt werden) gelten als harmlos. Dann gibt es noch salzig und sauer. Für jede dieser Geschmacksrichtungen gibt es Geschmacksareale auf der Zunge. Grundsätzlich ist die Geschmacksentwicklung kulturell bedingt, also: Welche individuellen Erfahrungen mache ich geschmacklich im Laufe meines Lebens, was bereitet mir am meisten Genuss?

Dann ist Geschmack aber offenbar auch kulturell verankert. So habe ich die Beobachtung gemacht, dass im asiatischen Raum gerne Köche aus dem Westen engagiert werden, da diese aufgrund ihrer vielen nationalen und regionalen Küchen besser schmecken. Die asiatischen Kollegen sind dagegen überragende Techniker.

ten, welche große Rolle Ernährung im Leben spielt, auch wenn zu Hause vielleicht nie oder nur selten frisch gekocht wird. An Kindertagen richte ich sogenannte Essstationen ein, damit sie hier das Qualität schmecken ausprobieren können. Wie groß hier die angelernte Verunsicherung ist, höre sich dann so an: »Ich kann das nicht essen, ich habe eine Glutenunverträglichkeit, eine Laktoseintolerenaz etc.« Nun möchte ich keineswegs irgendeine ärztliche Diagnose anzweifeln, aber ich denke, dass diese Zunahme an Gesundheitsstörungen, die mit Essen zu tun haben, etwas mit einem fehlenden Instinkt zu tun haben könnten. Viele Kinder lernen nicht mehr, auf ihren Körper zu hören.

Jedes Kind liebt es zu kochen und kreativ mit Lebensmitteln umzugehen.

Sie wachsen zudem mit Produkten voller Zusatzstoffe auf, die ihrerseits gesunde Körperfunktionen beeinträchtigen können. Wenn wir den Kindern aber beibringen, dass das Frische, Geschmackvolle das Beste ist und was sie damit alles herstellen können, dann sind wir sicher auf einem besseren, gesünderen Weg.

Nun ist jeder Mensch in seiner Geschmacksentwicklung unterschiedlich geprägt. Es gibt Spitzenzungen und feine Nasen, die feinste Aromenunterschiede erspüren und andere, naja, die zumindest die Grundgeschmacksrichtungen unterscheiden können.

Kochen? Einfach kinderleicht!

Einen eigenen Geschmack entwickeln

Seinen Geschmack entwickeln kann man ganz einfach, indem man sich selbst ans Schneidebrett und an den Herd stellt und sich dann einlässt auf das, was man tut. Riecht, würzt, abschmeckt, schmeckt. Ein Fertiggericht riecht nie so, wie wenn ich das Gericht selbigen Namens frisch zubereite.

Lieblingsgerichte sind dann auch tief im Gedächtnis gespeichert. Gerüche begleiten uns unser Leben lang, wir verbinden mit ihnen Gefühle, gute und schlechte. Deshalb ist der Geschmackssinn ein so großer Sinn. Denken Sie mal an den Geruch von frisch gebackenem Brot oder von frisch gegrilltem Fisch im letzten Urlaub oder von einem tollen Stück Käse. Ich hatte einmal einen Gast, der bedankte sich nach dem Essen sehr enthusiastisch bei mir und sagte: »Sie haben mir das Gericht meines Lebens gekocht.« Und er wünschte sich sehnlichst, dass sich dieses Gericht – ein Zanderfilet auf Pistourisotto und Blutwurst – wieder und wieder wiederholen würde. Das funktioniert aber nicht, denn jede frisch zubereitete Mahlzeit hat ihre eigene Magie, ihren eigenen Geschmack. Und das ist das Gegenteil von Monotonie wie in den ewig gleich schmeckenden Pizzen, Pasten und anderen industriellen Erzeugnissen, die als Essen verkauft werden.

Wissen, was wir essen

Fangen Sie doch einfach einmal an, sich zu fragen, was Sie sich wirklich wert sind und beginnen Sie mit Ihrer Wertschätzung bei der wichtigsten alltäglichen Verrichtung (neben dem Atmen): beim Essen. Essen Sie, was wirklich schmeckt und nicht, was nur so tut als ob. Sie müssen kein Fast Food essen und müssen auch nicht im Flugzeug den Schokoriegel essen, nur weil Sie ihn von freundlichem Personal in die Hand gedrückt bekommen. Überlegen Sie, was Sie sich damit antun. Zur innerlichen Vorbereitung können Sie sich mal dem Kleingedruckten auf der Packung widmen und überlegen, ob Sie mit irgendeinem der Begriffe etwas anfangen können. Ganz oben steht immer die Zutat, die am meisten in dem Produkt vorkommt, also Fett oder Zucker. Für den Rest braucht man in der Regel ein Chemieexamen, aber wer isst schon etwas, von dem er nicht weiß, was drin steckt?

Übung ist alles!

»Ich stelle meinen Gästen gerne verschiedene Salze und Öle auf den Tisch. So können sie ganz entspannt herumprobieren, sich über Geschmacksnuancen unterhalten und sich ganz auf das Essen und Schmecken einlassen. Probieren Sie das doch auch einmal, wenn Sie Freunde erwarten. Ideal vor einem entspannten Männerabend: Olivenölprobe mit verschiedenen Ölen und der Abend kann nur noch super werden (mehr zum Thema Olivenöl auf den Seiten 64 f. und 128 f.).«

Lernen Sie Ihr Essen kennen

Und damit sind wir bei einem heiklen Thema und einer kleinen Diskussion, die ich hier und heute gerne einmal beenden würde. »Ja«, höre ich dann mein imaginäres Publikum, »Sie haben gut reden. Als Sternekoch kann man sich natürlich auch die ganzen tollen frischen Sachen leisten, aber mit Familie sieht das schon ganz anders aus. Da muss man eben auch manchmal zu günstigerer Industrieware greifen. Und so schlecht schmeckt das auch nicht.« Also das mit dem Geschmack habe ich überhört. Denn diese Produkte schmecken alle gleich, ob gut oder schlecht sei mal dahingestellt. Sie machen Hunger auf mehr, weil sie oft voller versteckter Zucker und sehr salzreich sind, sodass man gleich noch mehr davon kaufen muss. Und last, but not least: Frisch kochen ist günstiger als Fertigfutter in teurer Verpackung, die oft mehr Nährwert hat als das, was drinsteckt. Sie besorgen sich dann einfach die Gemüse, das Obst und die Kräuter, die Saison haben, kaufen es am besten aus regionaler Produktion. Dann haben Sie auch

Einkaufen mit allen Sinnen.

noch klimatechnisch ein Supergewissen und Sie kaufen nicht ganz so oft Fleisch und Fisch, dafür dieses aus tiergerechter Haltung und nachhaltigem Fischfang (mehr dazu auf Seite 192).

Mut zum Genuss

Es ist das Gleiche wie mit manchen Gästen, die sich wohlfühlen in meinen Restaurants und beklagen, dass sie ja gerne öfter mal kommen würden, aber es ist ihnen dann doch zu teuer bei mir. Was soll ich dazu sagen? Das ist offenbar eine Frage der persönlichen Priorität: Die einen buchen eben lieber einen Wellnessaufenthalt in einem 5-Sterne-Hotel mit allem Schnickschnack, Packungen, Kosmetik und andere setzen sich zu einem ebensolchen Erlebnis in ihr Lieblingsrestaurant, in dem sie aufmerksam bedient werden, sich entspannen, neue Dinge probieren, ihre Sinne öffnen und beruhigt genießen können. Deshalb mein Plädoyer für mehr Mut zum Genuss! Und die 400-Euro-Jeans können Sie sich ja immer noch zu Weihnachten wünschen.

Wie ich das Kochen lieben lernte

Mich hat auf dem Weg zu dem, was mir heute Herzensangelegenheit und Berufung ist, die Küche meiner Eltern inspiriert. Ich komme aus einer alteingesessenen Gastronomenfamilie im Ruhrgebiet. Kochen hatte hier noch etwas Archaisches, vom ländlichen Alltag Geprägtes. So denke ich an den Schlachttag bei uns zu Hause, ein großes Ereignis im Jahreslauf. An diesem Tag kam der Metzger und schlachtete dann die übers Jahr in aller Ruhe gemästete Sau. Der Mann konnte sein Handwerk von Grund auf und arbeitete so, dass jeder Handgriff saß, ohne Stress, ohne Hektik. Die ganze Familie war bei diesem beeindrucken-

Kulinarische Wurzeln eines Meisterkochs: das Gasthaus Stromberg in Waltrop.

den Ereignis dabei. Denn es bedeutete ja nicht weniger, als dass ein Tier hier sein Leben ließ, um uns auch in der kälteren Jahreszeit mit Köstlichkeiten zu versorgen. Meine Großmutter rührte in einem großen Topf das Blut, und wir alle waren beim Wursten dabei. Die Hartwürste hängten wir dann unters Dach. Alles vom Tier, das ein Jahr lang ein normales Schweineleben leben und in seinem Tempo groß werden durfte, wurde an solchen Tagen verwertet. Wir lernten damals intuitiv, dass Fleisch eine Kostbarkeit ist, und jeder zollte an diesem Tag dem Tier seinen Respekt. Wir, die Großmutter, die Tanten, die mithalfen, arbeiteten dabei alle hoch konzentriert, mit Freude und auch mit Dankbarkeit, was uns hier Kostbares geschenkt wurde.

»Man hat uns zwar gelehrt, Leistung zu bringen und Verantwortung für andere zu übernehmen. Dabei wurde aber schandhaft versäumt, uns auch Selbstverantwortung für unseren Körper, unser Wohlbefinden und unsere Gesundheit zu lehren. Indem wir lernen, uns intensiv mit unserer Ernährung zu beschäftigen, gewinnen wir diese Selbstverantwortung wieder zurück.«

Die Liebe zum Lebensmittel

Das war eine der prägenden Erfahrungen. Dann war da natürlich noch mein Vater, ein herausragender Koch. Er traf einfach laufend ins Schwarze bei seinen kulinarischen Kreationen und hatte die Gabe, auch kleine Gerichte so zuzubereiten, dass sie einfach schön waren und zugleich unglaublich schmeckten. Er war ein Qualitätsfanatiker im Sinne des Geschmacks, hatte einen herausragenden Geruchssinn, kochte Regionales und Crossover, wie er es in seiner Lehrzeit auf den Kreuzfahrtschiffen gelernt hatte. So bereitete er auch in unserer Region eher »Exotisches« wie Lamm oder Wild zu, welches er selbst gar nicht aß. Aber allein durch seine Sinne vermochte er daraus ein wahres Fest zu machen.

Ich habe das »Milieu« Gastronomie immer geliebt, auch die Sucht nach dem perfekten Geschmack, dem neuen. Früher machte mir gelegentlich Heuschnupfen zu schaffen – jeder, der unter dieser Allergie leidet, weiß, wie lästig das ist, vor allem für einen Koch, der dann ja nicht riechen kann. Ich lernte, die Augen zu gebrauchen, Konsistenz zu erkennen, den richtigen Zeitpunkt für das richtige Gewürz zu erkennen. Insofern ist Kochen ein sehr ganzheitliches Erleben.

Keine Angst vor guter Küche

»Lernen Sie, wieder auf Ihren Bauch zu hören, gehen Sie intuitiv mit Produkten um. Um sich mit Essen auszukennen, muss man kein Wissenschaftler sein. Kochen ist eine Erfahrungskunst.«

Es ist mir ein Anliegen, dass Menschen die Angst vor der hohen Küche verlernen. Lange Zeit wurde ja Kochwissen wie ein Geheimwissen gehandhabt. Aber dieses Wissen muss man teilen, wenn wir eine Esskultur verbessern möchten. Ich möchte, dass sich auch junge Menschen für mein Essen interessieren. Unser Schulsystem bietet nichts, was wirkliche Ernährungslehre in Form einer sinnlichen intuitiven Erfahrung bedeutet. Hinzu kommt, dass es uns eine boomende Lebensmittelindustrie mit ihrem Geschmackseinerlei nicht leicht macht, dieses Basiswissen, das zu einem guten Leben gehört, zu vermitteln. Vor allem Kinder sind in diesem System die Opfer, zudem werden sie aggressiv mit Produkten umworben, die mit Lebensmitteln im Wortsinn nichts mehr zu tun haben. Hinzu kommt, dass es heute in Zeiten der Mobilität und Flexibilität so etwas wie eine Großfamilie, in der gemeinsam gekocht und gegessen wird, kaum mehr gibt. Und auch in kleinen Familien, in denen beide Erwachsene arbeiten, entfällt das Ritual der gemeinsamen Mahlzeit. Meine Eltern haben auch beide gearbeitet, aber für uns Kinder bereiteten immer die Großtanten das Frühstück, dann wurde gebetet und man sprach über das, was anstand und das, was man aß. Ich weiß, dass man diese »alten Zeiten« nicht zurückholen kann, aber Rituale wie gemeinsame Mahlzeiten kann man pflegen. Sie bringen die Menschen zusammen, entschleunigen, entstressen.

Ich erlebe hier auch eine Trendwende und denke, dass die große Zeit der Discounter bald vorbei ist. Das hängt zum einen mit der Popularität des Kochens, mit Kochsendungen und auch mit mehr Wissen um Gesundheit zusammen. Die kleinen Supermärkte mit individuellerem und bei Frischwaren wie Gemüse, Obst oder Käse regionalem Produktangebot holen auf. Kleinere Lebensmittelproduzenten und Bauern müssen wieder etwas wert sein, und das muss sich bis zu einem bestimmten Grad auch im Preis niederschlagen, denn Lebensmittel sind wertvoll.

Schließlich essen wir sie ja. Sie können diese Entwicklung fördern, indem Sie Ihr Einkaufsverhalten auf kleinere Lebensmittelgeschäfte und Bauernmärkte verlagern. Davon profitieren nicht nur die Lieferanten und können so weiter hochwertige Produkte herstellen, sondern auch Sie.

Ich bin hier allerdings ganz entschieden der Meinung: Die Arbeit kleinerer Lebensmittelproduzenten, die genau wissen, was Sie herstellen, und das mit Liebe und Handwerkskunst tun, muss ebenso wie die der Bauern, ohne die es keine echten Lebensmittel und natürlichen Produkte gäbe, wieder etwas wert sein. Das muss und darf sich auch bis zu einem bestimmten Grad im Preis niederschlagen, denn Lebensmittel sind wertvoll. Schließlich essen wir sie ja. Und: Hier bekomme ich bei Bedarf eine persönliche Beratung und wertvolle Tipps beim Einkauf oder erfahre, woher die Produkte kommen, die ich in meinen Einkaufskorb lege.

Sie sind es wert

... oder sollten es sich zumindest wert sein, sich und die Menschen, die Sie lieben, mit qualitativ hochwertigen Produkten zu nähren. Das ist gut für Ihr Wohlbefinden, Ihre Gesundheit und Leistungsfähigkeit sowie eine gute Stimmung. Denn Essen hält nicht nur den Leib zusammen, wie es im Sprichwort heißt, sondern auch die Seele. Je besser die Zutaten sind, die Sie dabei verwenden – und ich spreche hier nicht von Kaviar und Kobe-Rind (auch wenn das ganz toll schmeckt) – desto mehr schenken Sie sich Wertschätzung und Achtsamkeit. Das muss nicht die Welt kosten, sondern benötigt in erster Linie Aufmerksamkeit beim Einkauf und eine gute Planung. Der Spaß am Kochen kommt dann ganz einfach, sobald Sie in Ihrer Küche loslegen. Nach Planung: Machen Sie sich also immer für zwei bis drei Tage einen Speiseplan. Lassen Sie sich durch gute Kochbücher inspirieren (die gibt es auch für Einsteiger) und schreiben Sie sich einen Einkaufszettel.

Produktqualität ist alles. Man kann sie sehen, riechen, spüren.

Warum wir essen

Sie sehen bereits: Essen und Trinken ist viel mehr als nur die Aufnahme von Nährstoffen, damit der Körper mehr oder weniger reibungslos funktioniert und die Laune nicht in den Keller geht. Essen und Trinken hat auch sehr viel mit dem Einsatz unserer Sinne, mit Gefühlen und generell mit Wahrnehmung zu tun. Mit Geschmack, Geruch und ob uns das gefällt, was wir da auf dem Teller vor uns haben. Bewusst oder unbewusst spielen aber auch unsere Erfahrungen, bestimmte familiäre Muster, Gewohnheiten und Vorbilder eine wesentliche Rolle dabei, wie wir uns ernähren.

Zuerst intuitiv, dann erlernt

Das fängt alles schon sehr früh an: Aus der Entwicklungspsychologie weiß man, dass Babys und kleine Kinder – sofern sie gesund und normalgewichtig sind – eine gutes Gespür für Hunger und Sattsein haben. Sie wissen intuitiv, wann sie essen möchten und vor allem was. Das nennt man im Wissenschaftsjargon somatische Intelligenz. Kinder verlassen sich völlig auf ihre Körperempfindungen. Sie freuen sich auf ihr Essen und geben sich ganz und gar dem Essen hin. Das geschieht nicht nebenbei, sondern voll und ganz mit allen Sinnen. Schauen Sie sich mal so einen Zwerg an, wenn er selbstvergessen im Sommer an einem Eis schleckt. Lässt man Kindern ihren individuellen Essrhythmus und gibt ihnen frische, hochwertige Produkte, dann essen sie mal mehr, mal weniger, entwickeln Vorlieben und Geschmack, bleiben gesund und munter und entwickeln ein starkes Immunsystem.

Mit der Zeit kommen dann neue Gewohnheiten hinzu; die Kinder werden größer, es geht in die Schule, eventuell wird hier gegessen. Zu Hause gibt es bestimmte Regeln oder Essrituale (oder auch nicht). Auf jeden Fall wird ein Essverhalten so über viele Jahre hinweg erlernt und ist dann im Erwachsenenalter oft gar nicht mehr so einfach zu ändern. Das eigene Ernährungsverhalten zu verändern – zum Beispiel, weil man ein paar Pfunde loswerden oder sich einfach wieder fitter und leistungsfähiger fühlen will – bedeutet, dass man seine bisherigen Gewohnheiten durch neue Verhaltensweisen ersetzt. Das muss man dann mit Zeit und Geduld üben, und es funktioniert in aller Regel auch nur, wenn nichts verboten ist und wenn die Sache Freude macht. Heute weiß man, dass eine ausgewogene, abwechslungsreiche und bedürfnisgerechte Ernährung in Kombination mit körperlicher Aktivität der Schlüssel zu einem langen, gesunden Leben ist. Das ist das eine. Das andere ist: Auf unsere körperliche und psychische Gesundheit, unsere Leistungsfähigkeit, unser Fühlen und Denken, unser Selbstwertgefühl ebenso wie auf Beziehungen und unsere Umwelt wirkt sich auch aus, was und welche Lebensmittel wir essen.

Ganz wichtig: Das Thema Essen sollte nie zu einem Zwang werden, sondern den Alltag auf eine positive und kreative Art und Weise bereichern.

Wer kennt das nicht?

Haben Sie auch schon mal bei Stress, Frust oder Langeweile schnell zu irgendwas gegriffen, was Sie sich in den Mund schieben konnten, anstatt gegen einen Boxsack zu treten, eine Runde um den Block zu rennen oder einfach im Park spazieren zu gehen? In der Psychologie nennt man das Übersprungs- oder Ersatzhandlung, also eine nicht situationsgerechte Handlung. Denn wenn Ärger ansteht, geht es ja nicht darum, den irgendwie runterzuschlucken, sondern mit einem blöden Gefühl zurande zu kommen.

7 Psychofakten rund ums Essen

1. Das Auge isst mit: Wie viel wir beim Frühstück, Mittag- oder Abendessen zu uns nehmen, liegt nicht nur am Essen oder unserem Hunger – eine große Rolle spielt auch die Tellergröße. Brian Wansink von der amerikanischen Universität Cornell schenkte im Jahr 2005 54 Teilnehmern seiner Studie Suppe aus. Die Hälfte der Probanden aßen aus normalen Suppentellern, die andere aus einem Teller, der sich über einen versteckten Mechanismus immer wieder von selbst auffüllte. Was passierte? Die zweite Gruppe löffelte zwei Drittel mehr Suppe. Trotzdem waren sie hinterher davon überzeugt, nicht mehr gegessen zu haben – und satter fühlten sie sich auch nicht.

2. Essen vor der Glotze macht dick: Eine Untersuchung des Psychologen Jeffrey Brunstrom von der Universität in Bristol beweist: Wer vor dem Computer oder dem Fernseher futtert, isst mehr als ein Mensch, der sich ganz seinem Essen widmet. Die Studienteilnehmer, die beim Essen abgelenkt waren, fühlten sich danach weniger satt und aßen eine halbe Stunde später bereits doppelt so viele Kekse *(Quelle: American Journal of Nutrition, 12/10).*

3. Frauen essen weniger, wenn Männer dabei sind: Meredith Young von der kanadischen McMaster University kam in ihrer Studie aus dem Jahr 2009 zu einem interessanten Ergebnis. Sie beobachtete männliche und weibliche Studenten in der Mensa. Aßen Frauen in Begleitung

Frische Produkte sind in der einfachen,
gesunden Küche das A und O.

von Männern, wählten sie häufiger Diätfood, Salate oder Gemüse. Männer hingegen aßen, was ihnen Spaß machte. Macht am Salatblatt knabbern Frauen also attraktiver?

4. Fast Food macht nervös: Dass Fast Food nicht gerade das Gelbe vom Ei ist, hat sich herumgesprochen. Sanford DeVoe von der Universität Toronto machte bei einer Studie im Jahr 2010 noch eine weitere Entdeckung: McDonald's, Pizza Hut & Konsorten wirken sich sogar auf das Verhalten aus. In einem Experiment setzte er die Studienteilnehmer vor einen Monitor, auf dem für wenige Sekunden Logos von Fast-Food-Ketten aufblitzten. Als die Probanden im Anschluss etwas ablesen sollten, zeigte sich: Die Gruppe, die die Logos gesehen hatte, las viel hektischer und schneller als eine Vergleichsgruppe. In weiteren Experimenten: Fast-Food-Erfahrungen ließen die Probanden eher zu Fertigprodukten und Waren greifen, die Zeit sparen. Laut DeVoe macht die Kultur des schnellen Essens ungeduldig und hektisch.

»Jeder sollte in Sachen Ernährung und einem guten Leben seine individuelle Formel finden. Mein Leitfaden: echte Lebensmittel, Ambiente, Tischkultur, Bewegung, Licht und Natur. Was sind Ihre wichtigsten Lebenswerte? Wie würden Sie in Zukunft gerne essen? Was könnten Sie für sich beim Essen optimaler gestalten?«

5. Frauen essen aus Frust, Männer aus Lust: Laurette Dubé von der kanadischen McGill Universität befragte für ihre Studie im Jahr 2005 277 Personen zu ihren Essgewohnheiten. Ergebnis: Männer und Frauen essen aus unterschiedlichen Gründen. Während Männer lieber aus Spaß an der Freude zulangen, greifen Frauen eher bei Einsamkeit und Frust zu.

6. 220-mal ans Essen denken: Unsere Gedanken kreisen täglich etwa 220-mal ums Thema Essen, fanden die Psychologen Jeffrey Sobal und sein Kollege Brian Wansink von der Cornell University im Jahr 2006 heraus. Sie ließen rund 140 Befragte schätzen, wie oft sie sich jeden Tag mit Essen befassen. Danach wurden Fragebögen ausgefüllt, in denen man Fragen zu seinem individuellen Essverhalten beantworten sollte. Das Ergebnis: Der Unterschied zwischen bewusster und unbewusster Beschäftigung mit Essen war erheblich. Hatten die Teilnehmer wohlwollend geschätzt, etwa 15-mal täglich ans Essen zu denken, kreisten ihre Gedanken tatsächlich 220-mal um alle möglichen Nahrungsmittel.

7. Kochen macht uns zum Menschen: Der Biologe Richard Wrangham von der Harvard Universität glaubt, dass das enorme Gehirnwachstum des Menschen im Lauf der Evolution auf der Weiterentwicklung der Fähigkeit zu kochen beruht. Außerdem hat sich unser soziales Miteinander seiner Meinung nach erst durch das am Feuer Sitzen, Kochen und Schmausen herausgebildet. Fakt ist, dass die Bedeutung des Kochens im Rahmen der Menschheitsentwicklung unterschätzt wurde. Schließlich unterscheiden wir uns nicht nur durch die Größe unseres Gehirns von den Primaten, sondern auch dadurch, dass wir gegarte Speisen verzehren *(Quelle: Spiegel).*

Das passt: brutzeln, schmoren, garen – wenn Kochen reine Lebenslust ist.

Ich koche, also bin ich

Die Ausrede »Ich kann nicht kochen!« gilt ab heute nicht mehr. Wer essen kann und feinmotorisch nicht ganz unbegabt ist, kann sich jederzeit ans Schneidebrett stellen und sich etwas zusammenschnippeln. Zuallererst sollte man es sich allerdings zur lieben Gewohnheit machen, sich ernsthaft mit Lebensmitteln zu beschäftigen. Also nicht nach Arbeitsschluss durch den Supermarkt zur Kühltheke hetzen und gucken, welche Verpackung einen am meisten anmacht. Nein, vorher schon mal in Kochbüchern stöbern, auf was man Lust hat, oder sich auch mal von einer Kochsendung im Fernsehen inspirieren lassen und dann den Einkaufszettel schreiben und entspannt (und vor allem nicht hungrig) einkaufen gehen. Tipps fürs richtige Einkaufen und Vorrathalten finden Sie auf den Seiten 108 bis 111.

Genuss, Lifestyle, Spaß

Versuchen Sie auch mal, mit anderen über Essen ins Gespräch zu kommen. Sie werden sehen, es gibt kaum einen anregenderen Gesprächsgegenstand, über den man so persönliche Erfahrungen austauschen kann. Essen und Genießen ist etwas zutiefst Lebendiges und zugleich

Gechilltes (okay, außer Sie arbeiten als Profi, da geht es manchmal etwas heißer her) und eine der tollsten Haupt- oder Nebensache der Welt (je nachdem). Aber so in kleinem Rahmen, abends nach der Arbeit mit guter Musik und einem Glas Wein in der Küche oder für die Liebste/den Liebsten oder gemeinsam oder mit Freunden bringt einen Kochen wieder in die Mitte und auf den Boden und macht zugleich den Kopf frei. Das alles, solange die Kocherei nicht in den Hyperehrgeiz ausartet, wie bei manchen sehr Ambitionierten, dann wird es leicht wieder stressig.

Grundsätzlich hat sich die Haltung zum Kochen ja in den letzten Jahren ziemlich verändert. Bis vor, sagen wir mal 15 Jahren gehörte nur die Mutter an den Herd und war für drei Mahlzeiten am Tag zuständig. Seit immer mehr Frauen arbeiten gehen, ist der Platz vorm Herd verwaist. Da steht dann allenfalls eine praktische Mikrowelle, in der praktische, vorher bunt verpackte Gerichte erwärmt und dann dem Körper zugeführt werden (Essen mag ich das gar nicht nennen). In meinen Manager-Kochkursen erlebe ich dann ein Paradoxon: Die Männer sind begeistert und interessiert – Kochen ist ein echtes Männer-Lifesty-

Was uns wichtig ist

2009 und 2011 ließ (ausgerechnet) der Lebensmittelkonzern Nestlé eine Studie zum Thema »So is(s)t Deutschland« durchführen. Thema waren die sich ändernden Lebensverhältnisse im Land: Immer mehr Frauen gehen arbeiten, die Zahl der Single- und 2-Personen-Haushalte wächst und die Menschen werden immer älter. Für die meisten Befragten ist Essen und Genießen mit der Familie und Freunden ein hohes Stück Lebensqualität, und auch gesunde Ernährung ist wichtig. Der wachsende Zeitdruck und Stress, unter dem viele Menschen stehen, lassen sie aber diese Qualitäten hinten anstellen. Und dann isst man eben das, was fix und fertig ist.

Ein Stück gepflegte Alltagskultur: mit Freunden genießen.

le-Thema geworden – und die Damen bewegen sich eher desinteressiert im Hintergrund, als ob der Herd für sie eine imaginäre Zwangsjacke bedeuten würde. Schade vor dem Hintergrund ist eigentlich nur: Da die Männer tagsüber auch meistens außer Haus sind und eher zu besonderen Anlässen kochen, wenn Freunde oder Gäste kommen, geht so ein wichtiges Stück Alltags-(Koch-)Kultur den Bach runter. Dabei geht frisch und gut kochen wirklich immer, auch ohne dass man das Gefühl entwickeln muss, an Küche und Herd gekettet zu sein. Betrachten Sie es als Ihren persönlichen Chill-out, wenn Sie sich in Ihre Küche begeben, um sich und Ihrem Liebsten etwas zu zaubern. Und: Scheuen Sie sich nicht, alle um Sie herum einzuspannen. Wer kocht, muss auf gar keinen Fall die Spülmaschine einräumen und den Tisch decken …

Und: Kochen ist eine Kulturtugend. Da sind uns die Franzosen voraus, für die Kochen und Genießen ganz selbstverständlich zur Alltagskultur gehören, die auch in der kleinsten und einfachsten Küche gelebt wird. Aber ich stelle fest, dass sich auch hierzulande einiges tut. Das Bewusstsein für echte Lebensmittel und Kochen als kreatives Alltagshandwerk nimmt zu. Als Lifestyle-Attribut ist Kochen schon seit Jahren ein Trend.

Im Grunde jedoch ist Kochen ja eine der archaischsten menschlichen Tätigkeiten und Künste überhaupt. Das macht der Mensch schließlich seit Jahrmillionen. Zuerst gingen die Frauen und Kinder sammeln, die Männer machten sich auf die Jagd nach Wild und Fisch, dann wurden die Produkte zubereitet und gemeinsam am Feuer verzehrt.

Kochen entwickelte sich im Lauf der Zeit zur reinen Erfahrungswissenschaft. Sie werden selbst feststellen, wenn Sie sich intensiver mit Ihren Lebensmitteln befassen, dass Sie in kulinarischer Hinsicht jeden Tag und mit jedem Gericht dazulernen können. Die Zubereitung von frischen Mahlzeiten mit sorgfältig ausgewählten Produkten schult die Verantwortung für sich selbst wie für andere Menschen. Zugleich wird man urteilsfähiger in Sachen Geschmack und Qualität. Das stärkt das Selbstbewusstsein und den Selbstwert.

»Früher war die Definition von Lebensmitteln eher ›Überlebensmittel‹ – heute dagegen sollte man sie als ›Lebensverlängerung‹ definieren und ansehen. Ich plädiere deswegen für Ernährungslehre als festen Bestandteil der Lehrpläne an den Schulen. Denn wir leben in einer Zeit, in der das Wissen über Nahrungsmittel und gesunde Ernährung nicht mehr ausreichend in den Familien weitergegeben wird. Außerdem stehen der heutigen Generation wesentlich mehr Erkenntnisse über gesunde Ernährung zur Verfügung. Das sollten wir nutzen!«

Die 7 besten Gründe, um einfach gut zu kochen

1. Kochen geht immer: Für gar nicht so wenige Menschen ist das Kochen eher eine Erledigung, die nebenbei absolviert wird. Eben eine Pizza schnell in den Ofen schieben oder Spaghetti in der Mikrowelle erwärmen. Für einige ist Kochen sogar mehr oder weniger lästig. Dabei ist Kochen – wenn man sich darauf einlässt – immer ein Erlebnis, es regt alle Sinne an und unterbricht aufs Angenehmste den Alltagstrott, auch bei wenig Zeit.

2. Kochen ist Zen: Um gut zu kochen, brauchen Sie weder ein Wahnsinnsrezept noch exotische Zutaten. Wichtiger: Schenken Sie dem, was Sie tun, Ihre Aufmerksamkeit und Konzentration. Und schon sind Sie einen Schritt aus dem grauen Alltag raus, machen ganz nebenbei ihren ganz persönlichen Zen-Moment aus dem Waschen, Putzen, Schneiden, Öl erhitzen etc. und entspannen sich. Das läuft völlig unbewusst ab, denn zum Kochen brauchen Sie nicht nur Ihre Hände. Sie öffnen alle Ihre Sinne, sehen, riechen, tasten, hören und schmecken. So entlasten Sie Ihre Steuerzentrale im Kopf und kommen wirklich in eine Art meditativen Zustand (außer, Sie kochen zusammen mit Freunden, das ist dann eher lustig). Das beginnt schon bei der Auswahl des Rezepts und der Zutaten. Worauf haben

Sie heute Lust? Welche Farben finden Sie heute schön? Was riecht gut? Das kann, je nachdem, wie der Tag so gelaufen ist, ganz anders sein. Vielleicht haben Sie Lust auf Pasta mit duftendem Olivenöl und ein paar Parmesanspänen, auf Gegrilltes oder auf frische Apfelküchlein.

3. Das fühlt sich ja gut an: Beim Kochen geht es nicht nur um diese ganzen ätherischen Sinne wie Riechen und Schmecken. Beim Kochen darf, ja muss man sogar, auch zulangen und anfassen. Der Tastsinn ist gefragt. Da spürt man die Oberfläche, die Konsistenz, die Form und Struktur eines Produkts. Es gibt Produkte, die machen allein schon beim Anfassen glücklich. Machen Sie mal den Selbsttest. Wie fühlt sich eine Aubergine an, die Oberfläche eines Pfirsichs, das Büschel Basilikum, der Hefeteig, den Sie kneten? Erinnert Sie das an etwas? Macht Sie das glücklich?

4. Und wie das riecht: Alles duftet, frischer Knoblauch, geschnittene Kräuter, sonnengereifte Tomaten, frisches Brot, zerlassene Butter, Erdbeermarmelade. Genießen Sie die Geruchserlebnisse beim Zubereiten und Kochen. Nehmen Sie wahr, wie sich der Duft beim Schneiden oder beim Erhitzen ändert. Das geschieht oft unbewusst und intuitiv, und wer schon etwas Kocherfahrung hat, erkennt oft schon am Duft, ob ein Gericht perfekt abgeschmeckt ist.

Ah, fein! Probieren Sie immer mal wieder zwischendurch. Schmecken Sie die Unterschiede zwischen roh und gegart, gebraten oder gekocht, sauer, salzig, bitter oder scharf. Da gibt es Wahnsinnsunterschiede. Fühlen Sie im Mund Geschmack, Aromen und Strukturen. Eine Welt tut sich auf.

5. Besser als ein Therapeut: Kochen ist, außer man betrachtet es als seine persönliche Entschleunigungs- und Zen-Übung, eine sehr gesellige Angelegenheit. Das betrifft nicht nur die Arbeit in einer Profiküche, in der viele Kollegen Hand in Hand arbeiten. Das gilt auch für die kleinste Hütte, wenn man für liebe Menschen kocht. Außerdem ist Kochen eine Persönlichkeitsschule und bildet den Charakter. Das sage ich jetzt nicht nur, weil ich meinem absoluten Wunschberuf nachgehe. Wer für andere kocht, tut etwas für andere Menschen. Durch das Kochen werden auch Begegnungen und Einstellungen zueinander geprägt. Da geht es um Wertschätzung, Zuneigung, Liebe und, naja, manchmal auch um Sex (siehe unten). Ich muss berücksichtigen, was die anderen mögen, was nicht, kann sie neugierig machen und für Gesprächsstoff sorgen, schaffe ein Ambiente, in dem alle sich wohlfühlen, kultiviere Gastfreundschaft und Großzügigkeit. Zusammen in der Küche stehen und gemeinsam verschiedene Speisen zubereiten macht Spaß. Ich muss aber auch Geduld mit mir und anderen haben, Einsatz bringen und gelegentlich auch Kompromisse eingehen. Das alles prägt mein Verhalten, meinen Charakter.

> »Ich möchte dazu beitragen, dass sich die Menschen mit dem Zusammenhang von Lebensmitteln, Inhaltsstoffen und der eigenen Gesundheit oder dem eigenen Wohlbefinden auseinandersetzen. Mein Ziel ist es, die Leute bei einer ausgewogenen Ernährung zu unterstützen. Denn wir leben in einer Zeit, in der das Wissen über Nahrungsmittel und gesunde Ernährung nicht mehr ausreichend in den Familien weitergegeben wird.«

6. Okay, und dann ist Kochen natürlich das beste Selbsthilfemittel bei Weltschmerz, Liebeskummer, Frust und unangenehmen Situationen. Es bringt einen auf andere Gedanken, man ist kreativ und gewinnt so seine Autarkie zurück, obwohl einen der Chef heute zur Minna gemacht oder der Liebste nicht zurückgerufen hat, und das Genießen der Speise auf einem schön gedeckten Tisch stimmt einen wieder versöhnlich.

7. Kochen ist sexy: Essen und Erotik führen seit langer Zeit eine sehr glückliche Ehe (oder Lebensgemeinschaft) in der Literatur, in den bildenden Künsten und im Film. Männer, die ihre Angebetete mit kulinarischen Höhepunkten beglücken können, stehen hoch im Kurs, und wie man das dann hält, ob man vorher kocht und isst, oder nachher oder gleichzeitig, darf jeder individuell und situationsangemessen entscheiden.

Die perfekte Küche

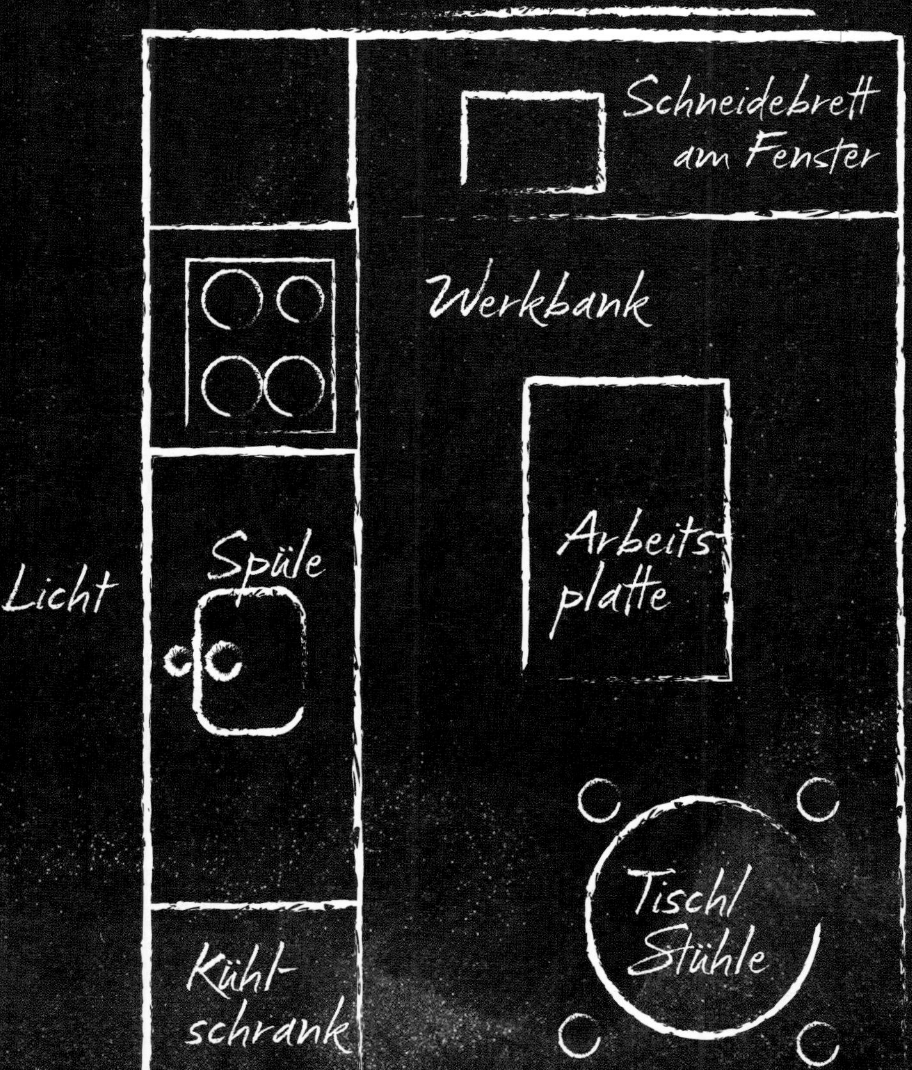

Welcher Esstyp sind Sie?

Es gibt heute so viele Ernährungstrends, Diäten, Empfehlungen und Leitlinien, dass einem der Kopf schwirrt. Damit das Chaos perfekt wird, ändern sich Trends auch im Wochen- und Monatstakt. Der Mensch und Esser, der in diesem Zusammenhang gerne Verbraucher genannt wird, bleibt ratlos zurück. Wenn Sie einfach gut essen möchten, müssen Sie wissen, was Sie wirklich brauchen und was Ihnen wirklich gut tut. In der Nestlé Studie aus dem Jahr 2011 (Durchführung: Institut für Demoskopie Allensbach, Gesellschaft für Konsumforschung – GfK), werden verschiedene Ernährungstypen beschrieben. Wo finden Sie sich wieder?

Die Leidenschaftslosen:

Vielen Dingen im Leben stehen sie (meist Männer) eher sachlich gegenüber. Materielle Sicherheit und ein guter Ruf ist ihnen wichtiger als Gesundheitsbewusstsein, und gute, ausgewogene Ernährung ist ihnen fremd. Der Einkauf muss möglichst schnell gehen und günstig sein. Einfache Gerichte, Tiefkühlgerichte und Konserven bestimmen ihre Ernährung. Kochen dient ausschließlich der Sättigung und hat keine gesellschaftliche Wertigkeit.

Mein Tipp: Machen Sie Kochen zur Chefsache, denn das sollten Sie sich wert sein. Dazu benötigen Sie lediglich ein paar Basics (siehe Seiten 48-49) und eine gute Organisation.

Die Pseudobewussten:

Dieser Ernährungstyp – meistens handelt es sich um Singles oder ältere Ehepaare – is(s)t sehr gesundheitsbewusst. Sie machen sich viel Sorgen um ihren Gesundheitszustand, der nicht immer der beste ist. Sie leiden unter Typ-2-Diabetes, hohem Cholesterin, Bluthochdruck und Kreislaufproblemen oder unter Allergien und Nahrungsmittelunverträglichkeiten. Sie legen zwar Wert auf Frische und Qualität, achten aber sehr stark auf einen günstigen

Preis und kaufen daher typischerweise Bio-Waren beim Discounter. Sie haben ein tägliches Ernährungsrouting, sind erfahrene Köche und essen am liebsten zu Hause.

Mein Tipp: Führen Sie ein Ernährungstagebuch (siehe Seiten 42 und 43). So sehen Sie schon nach wenigen Tagen, was Ihnen in Sachen Ernährung wirklich gut tut und von was Sie lieber die Finger lassen sollten.

Die Maßlosen:

Hier gehen Quantität und Bequemlichkeit vor Qualität und Gesundheit. Meist jüngere, männliche Singles mit einem eher ungünstigen Gesundheits- und Fitnesszustand und Übergewicht gehören zu dieser Gruppe. Einkaufen ist für sie eine lästige Pflicht. Kurze Wege und billige Nahrungsmittel sind ihre Priorität. Sie nehmen ihr Essen gedankenlos zu sich. Mikrowellengerichte, Tiefkühlkost und das alles in Riesenportionen sind die Ernährungsgrundlage.

Mein Tipp: Entschlacken Sie Ihren Vorratsschrank und vor allem Ihre Kühltruhe und seien Sie auch beim nächsten Besuch in Ihrer Lieblingsfrittenbude einfach etwas wählerischer.

Die Gehetzten:

Immer im Stress und unter Zeitdruck ist dieser Ernährungstyp. Für Mahlzeiten im Sitzen ist kaum Platz. Viele Männer jungen bis mittleren Alters gehören zu dieser Gruppe, die sich schwer damit tun, ihre Work-Life-Balance hinzubekommen. Viele leiden unter Stress- und Burnout-Symptomen wie Schlafstörungen, erhöhter Tagesmüdigkeit und auch Übergewicht. Sie wollen auch kein Geld für qualitativ hochwertige Lebensmittel ausgeben. Auf der Speisekarte stehen Snacks und Fast Food.

Mein Tipp: Essen sollte keine Angelegenheit sein, die man mal eben zwischen zwei Termine quetscht. Versuchen Sie für Ihre Mahlzeiten ebenso feste Termine einzuhalten wie für ein Meeting. Nehmen Sie sich Zeit zu essen. Genießen Sie. Sie haben nur eine Gesundheit …

Die Gesundheitsidealisten:

Sie leben ihre Ideale und Überzeugungen mit dem Anspruch auf qualitätsvolle Lebensmittel, nachhaltige Produktion und im Einklang mit der Natur. Ihre Lebensqualität ist in der Regel hoch – Fitness und Gesundheit sind ihnen sehr wichtig. Sie kaufen frische (Bio-)Produkte, gerne direkt vom Erzeuger.

Mein Tipp: Sie sind auf dem richtigen Weg. Ein Ernährungstagebuch bringt Sie noch leichter auf die Spur, was Sie noch an Ihrer Ernährungsweise verbessern könnten.

Die Nestwärmer:

Sie suchen nach Harmonie in allen Lebensbereichen, am liebsten im Kreise ihrer Lieben. Unter diesem Ernährungstyp versammeln sich Genussmenschen, die mit sich und ihrer Umwelt im Frieden leben. Sie legen Wert auf eine frische und ausgewogene Ernährung. Qualität ist ihnen durchaus ihren Preis wert. Viele von ihnen kochen leidenschaftlich gern.

Mein Tipp: Sie machen das wirklich gut. Weiter so!

Die modernen Multi-Optionalen:

Sie stellen hohe Anspruch an sich und ihr Leben und stehen immer unter Zeitdruck. Sie versuchen Ich-Zeit und Wir-Zeit ausgewogen zu gestalten, stehen aber ständig unter Stress. Diesen oft im Beruf sehr erfolgreichen Menschen machen Stresssymptome wie Ermüdungserscheinungen, Nervosität und Übergewicht zu schaffen. Der Grund: Sie essen unregelmäßig, immer in Eile und oft sehr spät. Sie schätzen eine große Auswahl an frischen Produkten und geben für Qualität gern mehr aus. Essen ist für sie ein Gemeinschaftserlebnis.

Mein Tipp: siehe »Die Gehetzten«

Kulinarische Neugier entwickelt sich schon beim Einkaufen und Probieren.

Praxis: Führen Sie ein Ernährungstagebuch!

»In meiner 17-jährigen Karriere als Fußballprofi konnte ich feststellen, wie wichtig und bedeutend gesunde Ernährung für uns ist. Dies gilt nicht nur für Profisportler. Auch heute achte ich auf eine ausgewogene und gesunde Ernährung, die hohe Qualität der Produkte und eine gute Zubereitung. Wenn ich mich gesund ernähre, fühle ich mich einfach wohler, bin ausgeruhter und konzentrierter und damit auch leistungsfähiger.«

Oliver Bierhoff

Vielleicht konnten Sie sich bereits einem der Esstypen auf den letzten Seiten zuordnen. Wenn Sie Ihre individuelle Ernährungskompetenz gezielt weiterentwickeln möchten, empfiehlt sich auch das Führen eines Ernährungstagebuchs. Ich gebe auch den Spitzensportlern in unserer Nationalmannschaft gerne diesen Tipp, wenn sie mich fragen, wie sie von der Ernährungsseite her ihre Leistungen und ihr Wohlbefinden noch verbessern können.

Schließlich ist eine auf die individuellen Bedürfnisse zugeschnittene Ernährungsweise das Optimum in Sachen Fitness, Gesundheit und Lebensqualität – nicht nur für Hochleistungssportler. Damit Sie diese Orientierungshilfe effektiv nutzen können, brauchen Sie lediglich ein kleines Notizbuch, das Sie immer bei sich haben sollten oder eine Sprachmemo-App auf Ihrem Smartphone. Notieren oder nehmen Sie den Zeitpunkt auf, wann Sie essen. Berücksichtigen Sie auch die Portionsgrößen. Schreiben Sie auf, was genau Sie essen und unterscheiden dabei Basiszutaten, Nährstoffe und Gewürze und natürlich auch, was Sie trinken.

Es geht mir nicht um Verzicht, sondern um das Erlernen besserer und alltagstauglicher Alternativen. Ich möchte dazu beitragen, dass Sie sich mit den Zusammenhängen von Lebensmitteln, Inhaltsstoffen und der eigenen Gesundheit beziehungsweise dem eigenen Wohlbefinden auseinandersetzen. Jeden Tag ein bisschen mehr. Mein Ziel ist es, die Leute bei einer ausgewogenen Ernährung zu unterstützen, sie für die Bedeutung der Auswahl von Lebensmitteln zu begeistern und dabei nützliche Einkaufstipps zu geben.

So geht's:

* Schreiben Sie auf, wie es Ihnen vor dem Essen ging und wie Sie sich danach fühlten.
* Versuchen Sie bewusst zu erspüren, wie sich bestimmte Speisen – auch neue, ungewohnte – auf Ihre geistige und körperliche Verfassung auswirken.
* Halten Sie am Morgen nach einem Abendessen fest, wie gut Sie nach Ihrer Mahlzeit schlafen konnten und ob Sie leicht aus den Federn kamen.
* Probieren Sie bestimmte Mahlzeiten zu unterschiedlichen Tageszeitpunkten, zum Beispiel eine Mischkostmahlzeit aus kohlenhydrathaltigen Beilagen (Nudeln, Kartoffeln, Reis etc.) zu einer Portion Fleisch oder Fisch einmal zu Mittag und einmal zu Abend. Wann bekommt Ihnen die Zusammenstellung besser?
* Überprüfen Sie eine Stunde nach dem Essen, wie es Ihnen geht. Entwickeln Sie zwischendurch Hungergefühle oder kommen Sie mit ausreichend Flüssigkeitszufuhr (siehe Seite 88) auch mit einer längeren Pause zwischen den Mahlzeiten klar?
* Sie werden schnell erkennen, was Ihnen gut tut und was nicht!
* Stellen Sie dann ruhig bereits während Ihrer Testphase, spätestens aber nach Auswertung Ihrer Notizen, Einkaufs-, Ess- und Versorgungsgewohnheiten um. In diesem Buch bekommen Sie dazu jede Menge nützliche Tipps!

Alles, was Sie zum Kochen brauchen

Ich habe Ihnen bereits gezeigt, wie eine gut organisierte Küche aussehen kann (Seite 37). Jetzt gehen wir ins Detail. Eine Profiausstattung muss nicht sein, außer Sie gewinnen so viel Spaß an der Sache, dass Sie auch in hochwertiges Zubehör investieren möchten. Für den Anfang tun es ein paar solide Grundwerkzeuge.

Gewürze mögen's dunkel

Ich bewahre viele Gewürze gut sichtbar in Glas- oder Plexiglasdosen in der Schublade auf. Denn diese mögen kein Licht. So würze ich kreativer und kombiniere auch mehrere miteinander. Ist die Schublade zu, liegen die Gewürze auch im Dunkeln. Oft mörsere ich sie. Dadurch schmecken sie aromatischer. Zudem enthalten fertige Gewürzmischungen und bereits gemahlene Gewürze meist Zusatzstoffe, die für die Streu- und Rieselfähigkeit sorgen.

Küchenwaage (möglichst bis auf fünf Gramm genau oder Digitalwaage) und Messbecher helfen beim Einteilen der Zutaten.

Hilfreich sind zwei bis drei **feine Siebe** in unterschiedlichen Größen und **ein grobes Sieb.** Darin können Gemüse und Obst abtropfen, Saucen durchgeseiht und gegarte Nudeln, Reis und Getreide abgegossen werden.

Ein oder zwei **Schneidebretter** aus Holz oder Kunststoff (letzteres in guter Qualität, sonst sind im Nu Rillen darin) zum Schnippeln und Schneiden. Schneidebretter aus Holz sind grundsätzlich hygienischer als Kunststoffbretter, denn die Harze im Holz ziehen einen gewissen Selbstreinigungseffekt nach sich. Holzbretter gehören allerdings nicht in die Spülmaschine!

Auf einer **Vierkantreibe** können Sie Möhren, Gurken oder Parmesan hobeln oder reiben.

Apropos schneiden: Messer sind wirklich Chefsache. Hier lohnt sich die Investition in Qualität für ein kleines Gemüsemesser, ein größeres Kochmesser (mit dem können Sie auch Kräuter fein schneiden), ein Brotmesser mit Säge, ein Ausbeinmesser mit gebogener Klinge. Messer sollten immer gut in der Hand liegen und gut ausbalanciert sein. Der Umfang des Griffes muss zur Hand passen. Zum Schärfen setzen Sie einen **Wetzstahl** ein. Zum Putzen und Schälen von Gemüse und Obst brauchen Sie einen Sparschäler. Messer sollten am besten in einem Messerblock aufbewahrt werden.

Rührschüsseln in verschiedenen Größen sind wichtig zum Sahne- und Eiweißschlagen oder zum Saucenrühren.

Bei **Töpfen** sind drei Größen empfehlenswert (5 l, 3 l, 1 – 2 l). Stielkasserolen in zwei Größen sind praktisch für kleinere Mengen. Wärmeisolierte Griffe und ein Sandwichboden zur besseren Wärmeleitung sind empfehlenswert.

Bei **Pfannen** sind ebenfalls verschiedene Größen praktisch. Ideal sind beschichtete Pfannen aus Aluguss und mit höherem Rand. So sparen Sie Fett beim Anbraten. Wenn die Pfannen hitzebeständige Griffe haben, können Sie sie bei Bedarf auch in den Ofen stellen. Für Töpfe und Pfannen bitte noch passende Deckel besorgen.

Eine **Auflaufform** aus Metall, Porzellan oder Email ist schön für das Garen im Ofen und zum Servieren.

Zum Aufschlagen von flüssigen Zutaten, Suppen und Saucen und zum Backen brauchen Sie ein **Handrührgerät** mit Quirlen und Knethaken. Manche gibt es auch mit Aufsatz für einen Pürierstab.

An **Kleinutensilien** unverzichtbar sind ein Schneebesen zum Verquirlen von Flüssigkeiten, Kochlöffel aus Holz, Suppenlöffel und Schaumkelle aus Edelstahl, ein Pfannenwender, eine Universalzange oder Pinzette zum Wenden.

Praktisch ist eine **Salatschleuder,** mit der Sie Blattsalate und Kräuter schnell trocken bekommen, sodass die Sauce anschließend nicht verwässert. Im Zweifelsfall tut es aber auch ein sauberes Küchentuch, in dem Sie die gewaschenen Zutaten trocken schleudern können.

Eine gute **Pfeffermühle** mit einem hochwertigen Mahlwerk und kleine **Muskatreibe** sollte im Gewürzregal nicht fehlen. Wenn Sie möchten, darf es auch noch eine Salzmühle sein.

Last, but not least: **Backformen** für Brot und Kuchen, ein Nudelholz zum Auswalzen von Teig sowie verschließbare **Boxen und Gläser** für Ihre Vorräte und Gewürze. Hilfreich sind noch ein **Silikonpinsel** (einfach zu reinigen und hygienischer als herkömmliche Küchenpinsel mit Borsten) zum Einölen und Fetten, ein Dosenöffner und ein **Korkenzieher** (ein einfaches Kellnerbesteck tut es in jedem Fall). Ein Dosenöffner? Aber nur für Tomatendosen, Sauerkraut oder weiße Bohnen. (Alle anderen Fertiggerichte in Dosen sind tabu!). Ein **Mörser** tut gute Dienste beim Zerstoßen von Gewürzen. Mit einem **Kurzzeitwecker** fällt es leichter, Zubereitungszeiten einzuhalten. Und eine **Zitruspresse** tut gute Dienste beim Entsaften.

Je nach Ihrer individuellen Weiterentwicklung in der Küche und Ihren Essgewohnheiten kann sich mit der Zeit zum Beispiel ein Wok dazugesellen oder anderes spezielles Zubehör etwa für die asiatische Küche nötig werden. Ist Ihre Küche eher traditionell oder regional angehaucht, brauchen Sie vielleicht eine Kartoffelpresse, ein Spätzlesieb, eine Geflügelschere oder ein Bratenthermometer. Insgesamt sollte man zusätzliche Ausstattung langsam und nach tatsächlichem Bedarf einkaufen. Wenn Sie sich gerne eine Saftzentrifuge oder eine Eismaschine anschaffen möchten (oder bereits besitzen), dann bringen diese Geräte Ihrer Gesundheit oder Ihrem Wohlbefinden reichlich wenig, wenn diese hinten links in der unteren Schrankecke ihren Platz finden. Denn eine Küche, die voller unnötiger Dinge steht, behindert eher das Arbeiten.

Eine gute Ausstattung in der Küche ist das Handwerkszeug, dann kommt es auf die Produkte an.

Ein Formel-1-Wagen fährt nicht mit Diesel …

»… und jeder Motor geht irgendwann kaputt, wenn er minderwertiges Benzin oder kein Öl bekommt.

Ähnlich ist es auch mit unserer Ernährung. Wir brauchen Energie für unser Leben, wir brauchen Kraft und Kondition und wir brauchen auch Wohlbefinden. In unserem Leben gibt es sowohl ›Kurz-‹ als auch ›Langstreckenrennen‹ und unser Motor muss deshalb sowohl auf Sprint als auch auf Marathon ausgerichtet sein. Im Sommer wie im Winter, in der Jugend wie im Alter – unser ›Motor‹ muss immer funktionieren. Deshalb sollte für uns der beste ›Kraftstoff‹ gerade gut genug sein.

Für mich persönlich hat deshalb eine ausgewogene Ernährung einen hohen Stellenwert. Denn sie dient nicht nur meiner Leistungsfähigkeit, sondern sie ist für mein gesamtes Wohlbefinden unerlässlich. Ich kann mich besser erholen, ich kann Drucksituationen besser aushalten, ich bin resistenter gegen den Stress, wenn ich ein gutes Wohlbefinden habe. Dazu trägt die Ernährung einen wesentlichen Teil bei.

Jeder sollte für sich eine individuelle Ernährung finden, die ihm optimale Energie und Gesundheit gibt. Und ich bin mir nach vielen Jahren der Zusammenarbeit sicher: Holger Stromberg hat das ›Patentrezept‹. Im wahrsten Sinne des Wortes.«

Ihr Joachim Löw
Bundestrainer der Deutschen Fußballnationalmannschaft

Pfanne
Feines Sieb
Schnee-besen
Großes Messer
Gemüse-messer

Vierkantreibe
Schaumkehle
Suppenlöffel
Saucenlöffel
Schneidebrett
Alles, was Sie
zum Kochen brauchen

Besser-schmecker sind Gesund-esser

»Einfach gut zu essen in Form einer vollwertigen, abwechslungsreichen Küche, in der qualitativ hochwertige Produkte verarbeitet werden, bringt auf Dauer ein spürbares Mehr an Lebensqualität. Wer sich bewusst mit seinem Essen auseinandersetzt und dies zum Teil seines Alltags macht, steigert Leistungsfähigkeit und Wohlbefinden.«

Kleine Ernährungskunde oder: Gesundesser sind Besserwisser

Wer Gutes isst, lebt nicht nur schöner, sondern auch gesünder. Und zum Zweiten: Wer Gutes hat, will Schlechtes nicht (mehr). Wer das Ganze dann noch mit mehr Aktivität im Alltag oder seiner Lieblingssportart toppt, der ist gesundheitlich auf der sicheren Seite. Meine Empfehlung: Werden Sie zum Trüffelschwein und statten Sie Vorratsschrank und Kühlschrank mit echten Lebensmitteln aus. Was Sie wirklich brauchen, sind weder Austern noch ein Trüffelhobel oder anderen Schnickschnack. Sie brauchen eine vernünftige Ausstattung (siehe Seiten 44 ff.), eine gut organisierte Küche, gute Produkte und Ernährungswissen.

Also noch einmal von vorne. Was brauchen wir wirklich auf dem Teller?

Was wir wirklich brauchen

Unsere Nahrung enthält im besten Fall – wenn sie frisch, nicht schadstoffbelastet ist und aus tier- (nicht nur art-)gerechter Aufzucht stammt – zahlreiche wichtige Nährstoffe, die der Körper dringend benötigt, um leben zu können und leistungsfähig zu bleiben. Diese Nahrungsinhaltstoffe versorgen alle Körperstrukturen wie Muskeln, Gewebe und Organe mit dem, was sie brauchen und sorgen dafür, dass verschiedenste Prozesse ablaufen können. Bestimmte Stoffe gelten dabei sogar als essenziell, also lebensnotwendig. Sie sind in der Nahrung so wichtig, da der Körper sie nicht selbst bilden kann. Dazu gehören bestimmte Vitamine, Fett- und Aminosäuren (Eiweißbausteine).

Im Körper finden 24 Stunden lang Auf-, Ab- und Umbauprozesse statt. Für all diese Vorgänge, das Zellwachstum, den Erhalt der Körpertemperatur, die Atmung, den Herzschlag oder die Muskeltätigkeit braucht der Körper Energie. Die bezieht er aus den Nährstoffen Kohlenhydrate, Fette, Eiweiß.

»Ich esse sehr vielseitig. Die Qualität der Lebensmittel ist für mich entscheidend. Holgers Ernährungsphilosophie kann ich daher nur unterstreichen – denn du spielst, wie du isst!«

Thomas Müller

Ist eine Mahlzeit »optimal« oder ausgewogen zusammengestellt, so versorgt sie den Körper mit allen Nährstoffen in der richtigen Menge. Wer auf Dauer hingegen mehr Energie mit der Nahrung zuführt, als er verbraucht, nimmt zu. Das ist häufig der Fall in einer sehr kohlenhydrat- und fettbetonten Ernährungsweise. Eine derart unausgewogene Ernährung, die häufig auch nicht besonders vitalstoffreich ist, kann außerdem zu Mangelerscheinungen führen. Wer langfristig weniger Energie mit der Nahrung zuführt, als er verbraucht, nimmt zwar ab, muss aber ebenfalls mit Mangelerscheinungen rechnen. Daher ist es wichtig, dass in jedem Fall ausreichend Vitamine, Mineralstoffe und Spurenelemente mit der Nahrung aufgenommen werden. Am besten gelingt dies mit frischem, unbehandeltem Gemüse, Obst, Milch und Milchprodukten, Bio-Eiern, Fleisch, Geflügel und Fisch aus artgerechter Haltung beziehungsweise nachhaltigem Fischfang.

Kohlenhydrate für Muskeln und Gehirn

Für die schnelle Energiegewinnung setzt der Körper auf Kohlenhydrate. Unsere Steuerzentrale im Kopf, das Gehirn, braucht fast ausschließlich Glukose (Traubenzucker). Auch die Muskeln verbrennen als erstes den Zucker aus Kohlenhydraten (zum Beispiel aus Obst, Süßem, aber auch aus stärkereichen Lebensmitteln wie Brot, Gebäck, Kartoffeln oder Nudeln). Wenn wir unterzuckert sind, also der Blutzucker am Boden ist, fühlt sich das unangenehm an. Wir werden müde, lustlos, sind erschöpft und gereizt. Auch die Konzentrations- und Leistungsfähigkeit lassen nach. Oft entsteht dann ein Heißhunger auf Süßes.

Kohlenhydrate sparsam einsetzen

Aber: Der Körper kann trotz alledem sehr gut ohne Kohlenhydrate auskommen. Unser biologisches Programm funktioniert seit Urzeiten so, dass wir auch aus Eiweiß bedarfsgerecht wertvolle Glukose herstellen können. Der Vorteil liegt auf der Hand: Eiweiß sättigt gut, macht nicht dick und hat wertvollere Inhaltsstoffe.

Isst man dann etwas, steigt der Blutzuckerspiegel wieder an. Durch diesen Reiz wird die Bauchspeicheldrüse angeregt, Insulin auszuschütten. Das Hormon soll den Blutzuckerspiegel wieder normalisieren, indem es dabei hilft, die Nährstoffe in die Zellen zu schleusen. Isst man nun aber (häufig) süße Lebensmittel oder solche mit versteckten Zuckern, dann schüttet der Körper sehr viel Insulin aus. So wird der Blutzuckerspiegel schnell abgebaut und genauso schnell kommt der kleine Hunger – auf was wohl? Ja, auf Süßes. Da ein zu hoher Zuckerkonsum schnell dick macht, legte die WHO (World Health Organisation) im Jahr 2003 fest, dass höchstens zehn Prozent der aufgenommenen Gesamtenergie pro Tag aus Zucker bestehen sollten. Das sind etwa 30 bis 50 Gramm Zucker pro Tag.

Wenn Sie nun denken, zehn Prozent oder 30 bis 50 Gramm pro Tag seien ganz schön viel, dann werfen Sie mal einen genaueren Blick auf die Zutatenlisten industriell hergestellter Produkte. Zucker ist ein sehr günstiger Rohstoff und er wird in vielen Produkten verwendet, einerseits, um den Geschmack »aufzuwerten«, andererseits, damit man immer wieder Hunger bekommt und schön viel futtert ...

Andererseits: Fehlen Kohlenhydrate über einen längeren Zeitraum, geht der Körper an die Eiweißreserven aus der Muskulatur und dann an die Fettreserven. Wird gleichzeitig auf Eiweiß in der Nahrung verzichtet oder dieses stark reduziert, zum Beispiel im Rahmen bestimmter Diäten, beginnt der Muskelschwund. Sobald der Körper die Eiweißreserven angreift, schwinden die Muskelzellen. Das ist ungünstig, denn die Muskeln sind wichtige Energieverbrenner. Das heißt: Nach einer kohlenhydrat- und eiweißreduzierten Diät legt der Körper schneller als zuvor Fettreserven an. Der Effekt ist bei Diäterfahrenen unter dem schönen Namen »Jo-Jo« bekannt.

Gute Zucker, schlechte Zucker

Chemisch gesehen sind alle Kohlenhydrate Zucker. Es gibt Einfachzucker wie Traubenzucker (Glukose) oder Fruchtzucker (Fruktose). Verbinden sich zwei Einfachzucker miteinander, entstehen Zweifachzucker wie etwa der Haushaltszucker (Saccharose). Wenn Sie die Zutatenlisten auf Fertiglebensmitteln studieren und es taucht ein Begriff mit der Endung »-ose« auf, dann haben sie es immer mit Zucker zu tun. Je weiter vorne auf der Liste der Begriff steht, desto mehr davon ist drin.

Vorsicht: Fruktose

Apropos Fruktose: Fruktose ist wie Glukose ein Einfachzucker, nur lässt Fruktose den Blutzuckerspiegel nicht ansteigen. Aus diesem Grund wurden Produkte für Diabetiker entwickelt, die viel Fruktose statt Glukose enthalten. Mancher Hersteller möchte auch den Zuckergehalt seines Produktes auf der Verpackung besser aussehen lassen und tauscht Haushaltszucker gegen Fruktose aus. So sieht es gesünder aus.

Heute weiß man jedoch, dass ein Übermaß an Fruchtzucker zu Stoffwechselbelastungen der Leber und Störun-

Gemüse als Beilage ist optimal, um die Kohlenhydratzufuhr zu begrenzen.

gen im Harnstoffstoffwechsel führen. Fruchtzucker ist zudem nicht für alle Menschen gut verträglich. Knapp 20 Prozent der Bevölkerung leidet nach dem Verzehr unter Bauchkrämpfen oder Blähungen (Fruktose-Malabsorbtion). Das Fatale daran: Sie wissen häufig nicht, woher diese Beschwerden kommen. Auch ein Arzt tut sich mit einer genauen Diagnose oft schwer. Neue Studien weisen zudem darauf hin, dass eine zu hohe Aufnahme zusätzlich die Gewichtszunahme begünstigt.

»Durch die Umstellung meiner Ernährung habe ich meinen Heuschnupfen besiegt! Daran sieht man, welchen großen Einfluss Ernährung auf den Körper hat.«

Heiko Westermann

Günstiger sind daher immer Mehrfachzucker aus Ketten mit mindestens zehn Einfachzuckern (z. B. aus Vollkornprodukten oder Gemüse). Sie sättigen länger als kurzkettige Zucker wie Trauben- oder der gewöhnliche Haushaltszucker, denn sie lassen den Blutzuckerspiegel langsamer ansteigen. Ballaststoffe enthalten lange, geschmacksneutrale Zuckerketten. Sie sind wichtig für eine gesunde Darmflora und eine geregelte Verdauung und stecken in Vollkornprodukten, Gemüse und wenig süßem Obst.

Gut versteckt!

Zucker kommt nicht nur in Gummibärchen, Schokoaufstrich, Limo und Cola vor. Im Durchschnitt isst jeder Deutsche pro Jahr rund 30 Kilogramm Süßes. Etwa drei Kilo stecken in Produkten wie Chips & Konsorten. Und nicht nur Süßigkeiten sind süß. In vielen Fertiglebensmitteln steckt Zucker. Zum Beispiel in

Fruchtjoghurt: Im Grunde verdienen diese Produkte den Namen gar nicht, da Früchte oft nur in Spuren enthalten sind, aber das ist ein anderes Thema. In einem Becher (150 Gramm) stecken sechs Stücke Zucker. So viel, wie in der gleichen Menge Cola.

Gurken: Eigentlich kauft man sie ja wegen ihres säuerlichen Geschmacks. Aber: In Gewürzgurken stecken bisweilen zwölf Gramm Zucker pro Glas.

Heringssalat: In einer Portion (200 Gramm) stecken 16 Gramm Zucker. Das sind immerhin fünf Würfel.

Ketchup: Was soll ich sagen? 68 Gramm Zucker pro 300 Gramm, also süßer als Cola.

Cornflakes (gezuckert): Pro 30-Gramm-Portion kommen vier Stück Zucker auf den Teller.

Müsliriegel: Der gesunde Snack für zwischendurch enthält drei Stück Würfelzucker.

Dosenananas: Die kleine Dose (570 Gramm) hat es mit insgesamt 88 Gramm Zurcker – also 30 Würfeln – in sich.

Apfelsaft: Ja, der hat es auch in sich. Ein Liter Apfelsaft enthält 120 Gramm Zucker, das sind 40 Würfelzucker.

Leberwurst: Ein 250-Gramm-Stück Leberwurst enthält immerhin drei Stückchen Zucker. Die Liste lässt sich übrigens endlos erweitern, zum Beispiel um Kinderlebensmittel, Fertigpizza, Pasta und so fort.

Eiweiß für den Zellaufbau

Einer der wichtigsten Baustoffe für Zellen, Muskulatur, Knochen, Gewebe, Hormone oder Blut ist Eiweiß beziehungsweise seine Bausteine: Aminosäuren sind Lebensbausteine. Bei einem normal aktiven Erwachsenen sollten jeden Tag 15 bis 20 Prozent der Mahlzeiten aus proteinhaltigen Nahrungsmitteln, also Milch und Milchprodukte, Fleisch, Geflügel, Eier oder Fisch, bestehen. Pflanzliche Eiweiße stecken vor allem in Hülsenfrüchten, Nüssen und Soja.

Eiweiß ist ein qualitativ gesehen hochwertiger Energielieferant, liefert aber nicht so schnell wie Kohlenhydrate. Denn bis der Körper das Nahrungseiweiß zerlegt und an Ort und Stelle geschleust hat, braucht es viel Zeit. Das merkt man unter anderem daran, dass man nach eiweißreichen Mahlzeiten sehr lange satt bleibt und sich nicht so schnell ein Hungergefühl einstellt. Eiweiß gilt unter den Nährstoffen nicht umsonst als Schlankmacher.

Pasta mit Chili, Mandarinenöl und Parmesan

Für 2 Portionen

1 Mandarine / 2 EL Olivenöl / 1 rote Chilischote / 250 g Urkornpasta (Emmer, Dinkel, Kammut) / 1 Prise Meersalz / schwarzer Pfeffer aus der Mühle / 20 g Parmesanspäne

1 Die Mandarine gründlich schälen und mit dem Öl in einer Pfanne leicht anbraten.

2 Die Chilischote waschen, längs halbieren, entkernen und das Fruchtfleisch in feine Würfel schneiden. Zur Mandarine in die Pfanne geben.

3 Pasta nach Packungsanleitung in gesalzenem Wasser al dente kochen. Das Nudelwasser zum größten Teil abgießen, danach die Pasta mit einem kleinen Rest des Wassers in die Pfanne zur Sauce geben. Alles gut vermischen.

4 Mit Meersalz und Pfeffer aus der Mühle abschmecken, Parmesanspäne darüber geben und sofort servieren.

Tipp 1

Urkorn ist eine geniale und gut verträgliche Alternative zu Hartweizennudeln, da sie frei von Weizenkleber (Gluten) sind, der mitunter zu Unverträglichkeiten führen kann.

Tipp 2

Kochen Sie Ihre Nudeln sehr al dente, dann fällt weniger zuckerreiche Stärke an.

Pasta mit Shiitakepilzen und Frühlingszwiebeln

Für 2 Portionen

2 Frühlingszwiebeln / 160 g Shiitakepilze / 1 Schalotte / Meersalz / schwarzer Pfeffer aus der Mühle / 50 ml Pernod / 120 g Sahne / 100 g Schmand / 250 g Urkornpasta mit Dinkel (oder Dinkelnudeln)

1 Die Frühlingszwiebeln waschen, die oberen und unteren Enden abschneiden und in dünne Scheiben schneiden. Shiitakepilze putzen, die Stiele entfernen und klein schneiden. Die Schalotte abziehen und fein würfeln.

2 Anschließend die Pilze in eine heiße Pfanne ohne Öl geben und mit einer Prise Meersalz würzen. Schalottenwürfel dazugeben und farblos anschwitzen, alles mit Pernod ablöschen. Anschließend die Sahne dazugeben und alles einmal aufkochen.

3 Den Schmand unterrühren, mit Meersalz und Pfeffer aus der Mühle abschmecken und die Frühlingszwiebeln dazugeben.

4 Die Pasta in gesalzenem Wasser nach Packungsanleitung al dente kochen. Nach dem Kochen das Nudelwasser zum größten Teil abgießen, danach die Nudeln mit dem Restwasser in die Pfanne zu den Pilzen geben. Alles gut durchschwenken und bei Bedarf noch einmal mit Meersalz und Pfeffer aus der Mühle abschmecken.

Tipp

Statt Shiitakepilze können Sie auch andere handelsübliche, frische Pilze verwenden.

Käse und Nüsse sind reich an wertvollem Kalzium und gesunden Fetten.

Eiweiße aus der Nahrung werden von Enzymen in 20 Aminosäuren zerlegt. Diese gehen durch den Dünndarm in die Blutbahn, von hier aus in die Körperzellen und werden dort wieder neu zu Körpereiweißen zusammengesetzt. Zwölf dieser 20 Aminosäuren kann der Organismus selbst herstellen. Acht sind lebensnotwendig (essenziell) und müssen regelmäßig auf dem Speiseplan stehen.

Lebenswichtig: 8 essenzielle Aminosäuren

Isoleucin liefert dem zentralen Nervensystem (ZNS) verschiedene Botenstoffe und ist wichtig für den Muskelaufbau. Die Aminosäure steckt in Cashewkernen, Erdnüssen, Linsen, Erbsen, Rindfleisch, Hühnchen, Garnelen und Käse.

Valin hilft, den Blutzucker im Körper zu regulieren, das Immunsystem zu stärken und verschiedene Botenstoffe zum Gehirn zu schleusen. Es steckt in Dinkelmehl, Haferflocken, Thunfisch, Hefe, Eier, Käse, Hühnchen.

Methionin ist direkt am Aufbau von Körpereiweiß beteiligt und schützt Blase und Nieren. Methionin ist in Paranüssen, Fisch, Leber sowie Eiern enthalten.

Leucin ist wichtig für den Muskelaufbau. Es steckt in Erdnüssen, Mandeln, Sojabohnen, Erbsen, Käse, Thunfisch, Geflügel und Rinderleber.

Tryptophan wird im Körper zum Gute-Laune-Hormon Serotonin umgewandelt, das wiederum als Vorstufe für das Schlafhormon Melatonin dient. Außerdem ist Tryptophan wichtig für die Leberfunktion. Es ist enthalten in Karotten, Tomaten, Bananen sowie Spinat.

Lysin ist zuständig für den Erhalt des Binde- und Muskelgewebes. In der Synthese entsteht aus Lysin Carnitin. Bohnen, Orangen, Mandarinen sowie Sellerie sind reich an Lysin.

Phenylalin unterstützt die Bildung von weißen und roten Blutkörperchen und schützt die Nieren. Soja, Schweinefleisch, Lachs, Eier, Kürbiskerne und Milch sind reich an dieser Aminosäure.

Spiegelei mit Curry und Wurzelgemüse

Für 2 Portionen

200 g Wurzelgemüse (Möhren, Pastinaken, Petersilienwurzeln) / Meersalz / 10 g Butter / 2 Eier / Currypulver / schwarzer Pfeffer aus der Mühle / außerdem: Alufolie

1 Den Ofen auf 170 °C vorheizen. Wurzelgemüse schälen, längs vierteln und quer in ca. 4 cm lange Stücke schneiden. Mit Meersalz bestreuen. In Alufolie verpacken und im Backofen ca. 50 Minuten garen.

2 Für die Spiegeleier Butter in der Pfanne auslassen. Eier auf dem Pfannenrand aufschlagen, vorsichtig in die Pfanne gleiten lassen und auf niedrigster Stufe sanft braten.

3 Das Gemüse aus der Folie nehmen und auf einem Teller anrichten. Die Eier mit etwas Currypulver, Meersalz und Pfeffer würzen und auf das Wurzelgemüse geben.

Tipp

Biologisch gut verwertbares Eiweiß steckt in beiden Gerichten auf diesen Seiten. Das Wurzelgemüse schmeckt auch als Beilage zu Fleisch- oder Fischgerichten.

Quark mit Leinöl

1 Quark, Joghurt, Leinöl und Blütenhonig in einer Schüssel cremig rühren und mit Zitronensaft abschmecken.

2 Nüsse und Walnusskerne und danach Hanfnüsse mit Samen in einer beschichteten Pfanne ohne Öl goldbraun rösten. Ein paar Walnüsse beiseitelegen.

3 Die Blaubeeren in einem Sieb waschen und verlesen. In einer Schüssel mit dem Dicksaft vermengen und auf die Quarkmischung geben. Nüsse und Samen darauf verteilen. Mit Cranberrys und Walnusskernen verzieren.

Tipp

Eine tolle Alternative zum Morgenmüsli – mit vielen wichtigen Nährstoffen und Omega-3-Fettsäuren aus Leinöl für einen guten Start in den leistungsstarken Tag.

Für 2 Portionen

250 g Quark (20 % Fett) / 70 g Naturjoghurt / 2 EL Leinöl / 1 EL Blütenhonig / 1 Spritzer Zitronensaft / 1 EL gemahlene Haselnüsse und / oder Mandeln / 15 g Walnusskerne / 1 EL Kernemix (Sonnenblumen-, Pinien- und Kürbiskerne) / 10 g Hanfnüsse / 50 g Blaubeeren / 10 g Agavendicksaft / 1 kleine Handvoll getrocknete Cranberrys

Unverzichtbar im Stoffwechsel sind gesunde Fettsäuren aus Pflanzenölen.

Threonin kann vom Körper zu Glycin umgewandelt werden und nervenberuhigend wirkt. Threonin unterstützt den Knochenaufbau und die Bildung von Antikörpern. Threonin steckt in Papaya, Möhren oder Blattspinat.

Fett für einen gesunden Stoffwechsel

Fette liefern dem Körper bereits in geringen Mengen viel Energie. Ein Gramm Fett hat immerhin neun Kalorien und liefert damit doppelt so viel Energie wie Kohlenhydrate oder Eiweiß. Aber: Bestimmte Fette oder Öle müssen regelmäßig in unseren Mahlzeiten enthalten sein, denn sie erfüllen wie die Eiweiße Sonderfunktionen im Körper. Zum einen schützen Fettreserven vor Kälte und stützen die inneren Organe. Fett ist seit Urzeiten ein wesentlicher Überlebensfaktor. Ohne die Fähigkeit, Fett zu speichern, gäbe es den Menschen nicht. Fette sind Bauteile für Struktur- und Zellmembranen oder für Hormone, und sie liefern fettlösliche Vitamine. Wichtig: Das Verhältnis von Qualität und Quantität muss bei der Fettzufuhr stimmen und natürlich auch, um welche Fette es sich handelt.

Gesundheitlich wertvoll sind die sogenannten einfach ungesättigten Fettsäuren aus Oliven-, Erdnuss- und Rapsöl. Ebenso wichtig sind die mehrfach ungesättigten Fettsäuren (Omega-3- und -6-Fettsäuren) aus Meeresfisch (Lachs, Hering, Makrele) und Sonnenblumen-, Lein- oder Sojaöl. 60 bis 90 Gramm sollten es pro Tag sein, mehr besser nicht, wenn man seine gute Figur behalten will.

»Ohne qualitativ hochwertige Fette geht in der guten Küche gar nichts. Schließlich handelt es sich bei Fett um a) einen wichtigen Geschmacksgeber bzw. eine Art Gewürz und b) um einen wichtigen Geschmacksträger, der die Aromen anderer Zutaten erst zur Geltung bringt.«

Ernährungsmediziner wissen, dass Fette auch für die Regulation des Blutzuckerspiegels eine wichtige Rolle spielen. Wenn man Kohlenhydrate zusammen mit Fetten und Ölen isst, zum Beispiel ein frisches Baguette mit Olivenöl, dann steigt der Glukosewert im Blut deutlich langsamer an. Denn die Kohlenhydrate werden langsamer zerlegt, da der Körper ja auch das Fett verdauen muss. Eine ähnliche Wirkung stellt sich bei der Kombination von Kohlenhydraten mit Eiweiß ein, also wenn Sie zum Beispiel ein Stück Baguette zu einer Portion frischer Muscheln essen.

»Für mich als Profisportler ist eine gesunde und ausgewogene Ernährung eine wichtige Grundlage meiner täglichen Leistungsfähigkeit. Seitdem ich Holger Stromberg als Koch der Nationalmannschaft kennengelernt habe, überrascht und beeindruckt er mich auf unseren Reisen immer wieder aufs Neue mit den vielen Details seiner modernen und schmackhaften Küche. Ob gesunde Drinks oder eine reichhaltige Gewürzauswahl – seine interessanten Anregungen und Tipps kommen bei den Nationalspielern immer sehr gut an. Ich finde es klasse, dass Holger mit diesem Buch nun weitere Menschen mit seinen Kochkünsten und -empfehlungen erreicht. Denn nicht nur Hochleistungssportler sollten sich gesund ernähren, um immer fit und möglichst lange erfolgreich zu sein.«

Lukas Podolski

Lachs in Pistaziengewürzmehl auf Blumenkohlstampf

Für 2 Portionen

240 g vakuumierter Lachs (frisch oder TK) / 25 g Pistazien / 1 TL Koriander / ½ TL rosa Pfeffer / ½ TL Fenchelsamen / 4 Kaffirlimettenblätter / 2 Kardamomsamen / 1 Blumenkohl (ca. 400 g) / 2 Schalotten / 20 g Butter / 150 g Sahne / 1 TL Meersalz / schwarzer Pfeffer aus der Mühle / Muskatnuss / ½ TL Olivenöl

1 Den Lachs im Vakuumbeutel in einen Topf mit kochendem Wasser geben. Herd ausschalten und den Lachs 6–8 Min. ziehen lassen.

2 Pistazien, Koriander, rosa Pfeffer, Fenchelsamen, Kaffirlimettenblätter und Kardamomsamen mahlen und gut vermengen.

3 Blumenkohl waschen und den Strunk entfernen; in Röschen teilen. 2 Röschen beiseitestellen. Schalotten abziehen und klein würfeln. In einem mittleren Topf Butter erwärmen und die Schalotten darin farblos anschwitzen. Blumenkohl dazugeben, 3–4 Min. andünsten und die Sahne aufgießen. In ca. 10 Min. weich garen.

4 Mit einem Stabmixer pürieren und mit Salz, Pfeffer und geriebener Muskatnuss würzen. Die 2 Röschen in hauchdünne Scheiben schneiden und in etwas Olivenöl von beiden Seiten in der Pfanne rösten.

5 Den Lachs aus dem Vakuumbeutel holen, vorsichtig im Pistaziengewürzmehl wälzen und mit einer Prise Meersalz bestreuen. Blumenkohlstampf mit den gegrillten Blumenkohlscheiben auf einem Teller platzieren und den »panierten« Lachs darauf geben.

Tipp

Schnell gemacht und ein Überraschungserfolg bei Ihren Gästen.

Makrele auf grünen Bohnen mit Essig-Zwiebel-Marinade

Für 2 Portionen

100 ml weißer Essig / 50 ml Agavendicksaft / 1 Prise Meersalz / 20 g Ingwer / 3 Knoblauchzehen / 2 Chilischoten / 1 große, rote Zwiebel / 300 g breite Bohnen / 2 EL Olivenöl / 1 Dose Makrelenfilets im eigenen Saft (125 g) / 1 EL Sojasauce

1 Für die Marinade Essig mit Dicksaft und Meersalz vermengen. Ingwer waschen, schälen, in Scheiben schneiden. Knoblauch abziehen und grob schneiden. Chilischoten entkernen und klein schneiden. Zwiebel abziehen, halbieren und in lange Streifen schneiden. Alle Zutaten in ein großes Schraubglas geben, verschließen und gut durchschütteln.

2 Die Bohnen in kräftig gesalzenem, kochendem Wasser in 10–15 Min. weich kochen. In einem Sieb abtropfen lassen, danach gut mit dem Öl vermengen. Gemüse längs auf einem Teller anrichten. 2 EL Essigzwiebeln darauf verteilen und den Fisch daraufsetzen. Nach Belieben mit Sojasauce beträufeln.

Tipp

Das perfekte, schnelle Bürogericht! Statt frischer Bohnen einfach TK-Bohnen unter heißem Wasser auftauen. Die Makrelen sind in der Dose perfekt transportierbar, Essigzwiebeln und Sojasauce warten im Bürokühlschrank auf ihren Einsatz!

»Mit Holger am Nationalmannschaftsbüfett über Lebensmittel zu philosophieren ist mir stets eine große Freude. Uns verbindet die Leidenschaft zu Qualität und Genuss. Ich wähle meine Speisen bewusst aus, weil ich spüre, dass mir nur Gutes auch wirklich gut tut. Lieber verzichte ich im Alltag auf eine Mahlzeit, als in meiner Ernährung Kompromisse einzugehen. Sicher verdanke ich unter anderem dieser Einstellung zur bewussten Ernährung meine Leistungsfähigkeit.«

Miro Klose

Vitamine für eine stabile, gesunde Körperchemie

Vitamine braucht der Organismus nur in geringen Mengen, aber dafür regelmäßig. Denn der Körper kann nur wenige selbst herstellen. Diese Vitalstoffe sind Schrittmacher für viele Stoffwechselfunktionen, zum Beispiel den Aufbau von Körpergeweben und Hormonen. Sie helfen beim Zellaufbau und stärken das Immunsystem. Darüber hinaus helfen Sie bei der Umwandlung von Kohlenhydraten, Eiweiß und Fetten.

Vitamin C stärkt das Bindegewebe und wird für die Bildung und Funktionserhaltung der Binde- und Stützgewebe benötigt. Es regt die Immunabwehr an und steckt in Brokkoli, Fenchel, Paprika, Grünkohl, Hagebutten, Sandorn- oder schwarzen Johannisbeeren.

Niacin stärkt Haut und Nerven. Ist wichtig für die Gehirnfunktionen sowie die Energiegewinnung und steckt in Fleisch, Leber, Fisch, Erdnüssen, getrockneten Steinpilzen, Rettich, Grünkohl oder Topinambur.

Pantothensäure kurbelt den Stoffwechsel an und steckt in Eiern, Butter, Erdnüssen, Brokkoli, Linsen, Erbsen, Leber oder Hähnchen.

Vitamin B_1 stärkt die Kondition. Es steckt in (Vollkorn-)Getreideprodukten, Fleisch, Erbsen, Schwarzwurzeln, Rosenkohl, Sonnenblumenkernen, Rote Bete, Kürbis, Lauch, Kartoffeln, Topinambur oder Birnen.

Vitamin B_2 gibt Energie, spielt in vielen Bereichen des Stoffwechsels eine wichtige Rolle und steckt in Milch, Molke, Käse, Leber, Eiern, Vollkorn, Leinsamen, Sprossen, Grün-, Rosenkohl, Rote Bete, Kürbis oder Birnen.

Vitamin B_6 unterstützt das Immunsystem, ist wichtig für den Aminosäurenstoffwechsel und steckt in Sojabohnen, Hirse, Lachs, Sardinen, Makrele, Walnüssen, Linsen, Grün- und Rosenkohl, Rote Bete, Zwiebeln, Sellerie, Pastinaken, Kürbis oder Äpfeln.

Exotische Früchte haben das ganze Jahr über Saison und sind reich an wertvollen Pflanzenstoffen.

Biotin und Vitamin B_{12} wird für verschiedene Stoffwechselreaktionen gebraucht und steckt in Fleisch, Fisch oder Alfalfasprossen.

Folsäure ist wichtig für Wachstum und Zellteilung, steckt in Bierhefe, Leber, Nüssen, Endivie, Fenchel, Eiern, Spinat, Erbsen, Gurken, Tomaten, Erdbeeren, Orangen, Mandarinen, Kirschen, Trauben, Milchprodukten, Walnüssen, Grün-, Rosen- und Blumenkohl, Brokkoli, Chinakohl, Feldsalat, Spinat, Zwiebeln, Chicorée, Pastinaken oder Birnen.

Fettlösliche Vitamine brauchen Fett als Transportmedium und um im Körper verwertet zu werden. Dazu gehören:

Vitamin A ist wichtig für die Augen, die Haut und die Schleimhautgewebe. Es steckt in Leber, Butter, Käse, Milch, Aal, Thunfisch, gelb-orange-rotem und grünem Obst, roten Paprikaschoten, Grünkohl, Möhren, Feldsalat, Rosenkohl und anderen Kohlsorten, Brokkoli, Spinat, Kürbis, Chicorée, Sojabohnen und -sprossen, Mangold oder Sellerie.

Mango-Chili-Salat mit Limette und Olivenöl

Für 2 Portionen

1 Thai-Mango (alternativ 1 sehr reife Mango) / 1 rote Chilischote / ½ Limette (Saft und Abrieb) / 2 EL Olivenöl

1 Die Mango schälen und das Fruchtfleisch in feine Scheiben schneiden. Die Chilischote halbieren, entkernen und sehr fein würfeln.

2 Limettenabrieb und -saft, Chiliwürfel und 1 EL Olivenöl in eine kleine Schale geben und verrühren.

3 Mangoscheiben fächerartig auf einem Teller anrichten, die Limetten-Chili-Mischung darüber geben und mit Öl beträufeln.

Tipp

Mit etwas Meersalz bestreut kann man dieses Gericht auch perfekt als Beilage zu gegrilltem Fisch oder Fleisch servieren. Oder mit gekochten, kalten Nudeln mischen und mit Salamistreifen einen genial einfachen und erfrischenden Sommersalat zaubern!

Bananen-Basilikum-Smoothie

Für 2 Portionen

40 g Basilikumblätter / 300 g Eiswürfel / ½ Banane / Saft von ½ Limette

1 Banane schälen und in Stücke schneiden. Den Limettensaft zugeben. Anschließend alle Zutaten in einen Mixer geben und auf höchster Stufe in 2 Min. mixen, sofort servieren.

Ricotta-Honig-Creme mit Bratapfel und Kakaoflocken

1 Ricotta und Honig in einer kleinen Schüssel glatt rühren.

2 Den Apfel waschen, vom Kerngehäuse befreien, in feine Scheiben schneiden und beidseitig in einer sehr heißen Pfanne ohne Öl rösten. Etwas Zimt darüberstreuen und die Apfelscheiben von beiden Seiten goldbraun braten.

3 Die Ricottacreme auf einem Teller anrichten. Die Apfelscheiben darauflegen und mit Kakaoflocken verzieren.

Tipp

Fein als schnelles Dessert, kleine Wohlfühleinheit oder zum Frühstück!

Für 2 Portionen

250 g Ricotta / 10 g Honig / 1 Apfel (z.B. Boskop) / Zimtpulver / Kakaoflocken (gebrochene Kakaobohnen oder dunkler Kakao)

Vitamin D festigt die Knochen und wird vor allem durch Sonneneinstrahlung gebildet. In der Nahrung kommt es in verwertbaren Mengen kaum vor.

Vitamin E schützt die Zellen vor gewebeschädigenden Substanzen (freie Radikale) und steckt in Palmöl, Reiskleien, Gerste, Weizen, Roggen und Hafer.

Vitamin K ist beteiligt an der Blutgerinnung und steckt in Geflügel, Kalbsleber, Butter, Quark, Sauerkraut, Rosenkohl, Spinat, Blumen- und Grünkohl, Brokkoli, Hagebutten, Kartoffeln, Sellerie, Portulak und Kohlrabi.

Salze gibt es heute in allen Variationen. Wichtig: so naturbelassenes wie möglich kaufen.

Mineralstoffe – Stützen des Stoffwechsels

Mineralstoffe kann der menschliche Organismus nicht selbst herstellen. Sie müssen daher in unserer Nahrung stecken, trotzdem erfüllen sie lebensnotwendige Arbeiten: So liefern sie die Baustoffe für Knochen und Zähne, regeln den Wasserhaushalt im Körper, wirken auf Herz und Kreislauf und sind wichtig für Muskulatur und Nerven.

Die benötigten Mengen sind dabei ganz unterschiedlich: Beim Natrium, welches wichtig für den Wasserhaushalt ist, sind es 500 Milligramm pro Tag für einen Erwachsenen, beim Kalzium (wichtig für Knochen und Zähne) sogar 800 bis 1 000 Milligramm. Von Spurenelementen wie Eisen oder Zink braucht der Körper dagegen gerade mal eine Prise pro Tag.

Für Mineralien gilt dasselbe wie für Vitamine: Sie sind ideal verfügbar und für den Körper verwertbar, wenn sie aus Lebensmitteln und nicht aus chemischen Präparaten bezogen werden. Die wichtigsten Mineralien und Spurenelemente sind:

Chlorid reguliert den Wasser- und den Säure-Basen-Haushalt (aus Koch- und Meersalz).

Natrium hilft (aus Kochsalz) mit Kalium (aus Bananen, Aprikosen, Pflaumen, Milchprodukten, Fleisch, Fisch), die Druckverhältnisse der Körperflüssigkeiten aufrechtzuerhalten.

Kalzium ist wichtig für die Bildung von Knochen- und Zahnsubstanz sowie die Erregbarkeit von Muskeln und Nerven (aus Milchprodukten, Käse wie Brie, Edamer, Gouda, Parmesan, Ziegenweichkäse) und aus Brokkoli, Grünkohl, Spinat).

Phosphor ist Bestandteil des Skeletts und wichtig für die Energiegewinnung und -umwandlung (aus Käse, Milch, Fleisch).

Gegrillter Radicchio Trevisano

Für 2 Portionen

ca. 160 g Radicchio Trevisano / 2 EL Olivenöl / 1 Prise Meersalz / ½ Apfel (z.B. Braeburn, Pink Lady) / schwarzer Pfeffer aus der Mühle / 40 g Parmesan, gehobelt

1 Radicchio waschen, der Länge nach sechsteln und mit 1 EL Öl vermengen, mit etwas Meersalz würzen. Anschließend in einer sehr heißen Grillpfanne kurz von beiden Seiten anbraten. Anschließend mit der Pfanne bei 180 °C für 4 Min. in den Ofen geben.

2 Inzwischen den Apfel klein würfeln, mit dem restlichen Olivenöl marinieren und Pfeffer aus der Mühle würzen.

3 Die Pfanne herausnehmen, den Radicchio auf einem Teller anrichten. Die Apfelwürfel darauf verteilen und mit Parmesan verzieren.

Tipp

Schmeckt toll als Vorspeise oder Hauptgericht für eine Person. Dazu frisches Baguette reichen (Rezept Seite 126), ein Genuss!

Pastinakensuppe

Für 2 Portionen

1 Schalotte / 1 Knoblauchzehe / 1 cm Ingwerwurzel / 1 Möhre / ½ Stange Sellerie / 1 Thymianzweig / 2 EL Olivenöl / 350 g Pastinaken / 500 ml Hühnerbrühe / Meersalz / Muskatnuss / schwarzer Pfeffer aus der Mühle / Crème fraîche

1 Zwiebel und Knoblauch abziehen und fein würfeln. Den Ingwer schälen und reiben. Möhre schälen und würfeln. Sellerie putzen und würfeln. Olivenöl in einem Topf erhitzen. Die Gemüsewürfel mit dem Thymianzweig darin 10 Min. bei mittlerer Hitze rösten.

2 Pastinaken schälen, klein würfeln und ebenfalls ca. 5 Min. rösten. Brühe aufgießen und alles zum Kochen bringen. Abgedeckt in ca. 15 Min. weich köcheln lassen.

3 Vom Herd ziehen und das Gemüse pürieren. Mit Salz, Pfeffer und geriebenem Muskat würzen. Nach Belieben mit etwas Crème fraîche verfeinern.

Tipp

Diese milde Wurzelcremesuppe, die in ca. 30 Min. fertig ist, schmeckt als Hauptgericht oder als Vorspeise vor einem Menü. Auch Kinder lieben sie wegen ihres mild-süßen Geschmacks.

Magnesium ist Bestandteil von Knochen und Zähnen, schiebt verschiedene Stoffwechselreaktionen bzw. Enzyme an, auch wichtig für die Muskel- und Nervenreizbarkeit (aus Gerste, Grünkern, Hirse, Kakao, Kürbiskernen, Leinsamen, Mohn, Sesam, Sojabohnen).

Eisen ist beteiligt am Sauerstofftransport im Blut und wichtiger Baustoff des roten Blutfarbstoffs Hämoglobin (aus Fenchel, Hirse, Kalbsleber, Kalbsnieren, Linsen, Mangold, Pfifferlingen, Schwarzwurzeln, Schweinefilet, Spinat, Sojabohnen).

Jod ist wichtig für die Bildung und Aktivierung der Vorstufen des Schilddrüsenhormons Thyroxin (aus jodiertem Speisesalz, Algen, Fisch, Meeresprodukten).

Fluor ist wichtig für Knochen und Zähne. Aber: nur in winzigsten Mengen! (Aus schwarzem Tee, Mineralwasser, Innereien und Fisch.)

Mangan schiebt viele Stoffwechselreaktionen an (aus Bananen, Nüssen, schwarzem Tee).

Kupfer ist wichtig für den Bindegewebsstoffwechsel sowie zum Eisentransport (aus Obst, Pilzen).

Selen wirkt entgiftend und stärkt das Immunsystem (aus Fisch, Fleisch, Milch, Nüssen, Eiern, Leber).

Zink stärkt die Zellen, ist Bestandteil vieler Enzyme und Eiweiße, wichtig im Zucker-, Fett- und Eiweißstoffwechsel, für das Immunsystem und den Hormonstoffwechsel (aus Austern, Garnelen, Gerste, Gouda, Edamer, Hummer, grünes Blattgemüse, Kohl, Mandeln, Innereien, Kalb-, Rind-, Lamm- und Schweinefleisch).

Bioaktive Pflanzenstoffe: Gesundheitspower aus der Natur

Pflanzen bestehen nicht nur aus Wasser, Fett, Eiweißen und Ballaststoffen. In ihnen steckt noch weit mehr. In Gemüse, Kräutern, Bäumen und Blumen stecken auch winzige Mengen von Substanzen, die ihnen helfen zu überleben: Entweder handelt es sich dabei um Farb- oder Duftstoffe, die Insekten zur Bestäubung anziehen, oder sie schützen vor Bakterien, Pilzen und Krankheiten sowie vor schädlicher UV-Strahlung und beeinflussen das Wachstum. Die Zahl dieser unterschiedlichen Mikronährstoffe wird auf 60 000 bis 100 000 geschätzt, nur ein Bruchteil von ihnen ist näher erforscht. Mehr als 10 0000 von ihnen stecken in essbaren Pflanzen wie Gemüse und Obst, Getreide und Gewürzpflanzen. Auch für uns können diese bioaktiven Stoffe wichtige Schutzfunktionen ausüben, indem sie beispielsweise zellschädigende Sauerstoffverbindungen (freie Radikale) abfangen, das Immunsystem stärken und sogar krebsvorbeugend wirken können. Ihre gesundheitsfördernde Wirkung entfalten sie vermutlich nur im Zusammenspiel mit anderen Bestandteilen der Pflanze, das heißt mit allen genießbaren Bestandteilen von Gemüse, Obst und Kräutern.

»Frisches Obst und Gemüse sollten Sie nach Möglichkeit ungeschält verzehren, da insbesondere der Polyphenolgehalt unter der Schale am höchsten ist. Bei längerer Lagerung nimmt er ab.«

Bioaktive Pflanzenstoffe werden in verschiedene Gruppen eingeteilt. Die bedeutendsten unter ihnen sind:

Carotinoide – bei ihnen handelt es sich um Farbstoffe in rot- oder gelbfarbigem Gemüse oder Obst. Das bekannteste unter ihnen ist das Beta-Carotin, dem eine vorbeugende Wirkung auf Lungenkrebs zugeschrieben wird. Das liegt daran, dass Carotinoide als Radikalenfänger dienen. Beta-Carotin steckt in Möhren, rote Paprika, Kürbissen, Aprikosen und Tomaten. Aber auch grüne Gemüsesorten wie Grünkohl, Wirsing, Spinat und Feldsalat, bei denen das grüne Chlorophyll die orange-rote Farbe überdeckt, sind gute Beta-Carotin-Quellen.

Flavonoide sind eine Gruppe wasserlöslicher Pflanzenfarbstoffe und stecken in fast allen Obst- und Gemüsearten. Typisch für flavonoidreiche Pflanzen ist daher ihre kräftig-rote Farbe, wie bei Rote Bete, Rotkohl, Auberginen, Kirschen und Trauben.

Sulfide sind Salze des Schwefelwasserstoffs und verantwortlich für den scharfen Geschmack von Knoblauch, Zwiebeln, Lauch und Schnittlauch. Sie regen den Stoffwechsel an.

Glucosinolate wirken entgiftend und stecken in hohen Konzentrationen in allen Kohlarten, in Kresse, Radieschen und Rettich.

Sulphoraphan wirkt ebenfalls krebsvorbeugend. Es steckt in Pflanzen aus der Familie der Kreuzblütler wie Kohl, Senf, Kresse, Meerrettich oder Raps(-öl).

Phytosterine stecken reichlich in den Zellwänden fettreicher Pflanzenteile wie in Sonnenblumenkernen, Sesamsamen und Nüssen, aber auch in Rosenkohl, schwarzen Oliven und Sojabohnen. Sie verhindern im Darm die Aufnahme des Cholesterins aus der Nahrung und senken nachweislich den Cholesterinspiegel.

Polyphenole schützen vor Arterienverkalkung. Zu ihnen gehören unter anderem Flavonoide und Phenolsäuren. Sie stecken in Äpfeln (alte Sorten!), in Zwiebeln, Endiviensalat, in blauen Trauben, Kakao, grünem Tee und Rotwein.

Für frische Kräuter ist Platz auf dem kleinsten Balkon.

Selbst ist der Gärtner

Ein Toptrend, der auch Ernährungsbewusste zunehmend ergreift, ist das sogenannte Homegardening oder auch altmodisch gärtnern genannt. Nun hat nicht jeder einen Garten hinter dem Haus, den er in ein Gemüse-, Obst- und Kräuterparadies verwandeln kann. Aber Platz ist auch für einen grünen Daumen in der kleinsten Hütte. Ich selbst bin zwar kein Fan von Kräutertöpfen auf der Fensterbank, da Pflanzen nun einmal Licht, Luft, Platz und gute Erde brauchen, um zu echten Aromen- und Vitalstoffspendern heranzuwachsen. Doch auf einem Balkon lässt sich bereits allerlei anstellen, das nicht nur gut aussieht, sondern auch die Küche mit selbst gezogenen Frischwaren bestückt.

Alles, was Sie brauchen, sind Blumenkisten, die Sie auf allen Ebenen nutzen können. An Gittern und Seitenwänden ist Raum für Rankpflanzen. An der Decke können Sie Ampeln befestigen und in jeden Tomatentopf passt ein Basilikum.

Diese Kräuter müssen sein

Welche Kräuter Sie anbauen wollen, hängt letztlich von Ihren Geschmacksvorlieben ab. Hier stelle ich Ihnen ein paar Klassiker vor, die Sie vielseitig in Ihrer Küche einsetzen können.

Petersilie

Kaum ein anderes Kraut ist so vielseitig wie Petersilie. Ob in der Suppe, im Gemüse oder als grüner Farbtupfer.

Leider kann man von der Petersilie nicht behaupten, dass sie anspruchslos ist. Vor allem gegenüber zu viel Wasser reagiert sie sehr empfindlich.

Standort: sonnig bis leicht schattig

Aussaat: Ende März bis September

Abstand und Saattiefe: 6 cm Abstand in der Reihe, 20 cm Abstand zwischen den Reihen, 0,3 bis 0,5 cm Saattiefe

Keimdauer: 14 bis 21 Tage

Ernte: 8 bis 10 Wochen nach Aussaat

Mögliche Nachbarn: Bohnen und Erbsen, Möhren, Salat, Spinat und Tomaten

Schön & aromatisch

Kräuter, Salat, Erdbeeren und Tomaten sind die dankbarsten Balkongewächse. Bohnen, die am Gitter entlang ranken, blühen schön. Mangold, Spinat, Endiviensalat, Kresse, Petersilie oder Zitronenmelisse gedeihen auch an schattigen Plätzen, ebenso Walderdbeeren. Tomaten und Paprika haben am liebsten volle Sonne.

Kräuter: Viel essen!

Basilikum, Minze, Schnittlauch, Petersilie, Dill, Zitronenmelisse oder Majoran geben jedem Gericht eine besondere Note und schmecken frisch geschnitten am besten. Legen Sie in ein sauberes Schraubglas oder eine Tupperdose ein angefeuchtetes Küchenpapier und stellen Sie die Kräuterstängel ohne Gummiband hinein. Anschließend schrauben Sie das Glas zu. Wichtig: Die Kräuter sollten auf keinen Fall im Nassen liegen, da sie sonst matschig und ungenießbar werden. Im Kühlschrank sind die Kräuter im Glas so bis zu acht Tage haltbar.

Basilikum

Das einjährige Königskraut, wie Basilikum auch heißt, braucht ausreichend Sonnenlicht. Beim Abschneiden immer die ersten zwei bis vier Blätter am oberen Ende eines Triebes mit einer Schere abschneiden. So bleibt die Pflanze schön buschig. Vor dem Austrocknen schützen, aber Staunässe vermeiden. Die Blätter vor der Blüte ernten, da sie dann am aromatischsten sind.

Standort: volle Sonne

Aussaat: ganzjährig an einem warmen und hellen Platz

Saattiefe: Lichtkeimer, also nicht mit Erde bedecken

Keimdauer: 14 bis 20 Tage

Ernte: ganzjährig

Sorten: Basilikumsorten gibt es in unterschiedlichen Färbungen und Geschmacksrichtungen. Neben grünem Basilikum gibt es auch rote oder purpurfarbene Sorten wie »Dark Opal« oder »Purple Delight«, nicht zu vergessen Zitronenbasilikum, Thai-Basilikum und und und ...

Mögliche Nachbarn: Tomaten, Thymian

Thymian

Thymian ist wie alle mediterranen Kräuter ein Sonnenanbeter. Beim Anbau darauf achten, dass es nicht zu Staunässe kommt. Beim Ernten immer die Zweigspitzen abschneiden, damit sich die Pflanze weiter verzweigt.

Standort: volle Sonne

Aussaat: April bis Juni

Saattiefe: nur schwach mit Erde bedecken

Keimdauer: 7 bis 21 Tage

Ernte: ganzjährig

Mögliche Nachbarn: Tomaten

Schnittlauch

Schnittlauch bietet geschmacklich eine frische Alternative zu Zwiebeln. Anbau und Pflege sind einfach. Ein halbschattiger Platz und lockerer, humusreicher Boden machen die Schnittlauchpflanze glücklich. Aber: Staunässe sollte vermieden werden.

Standort: Sonne bis Halbschatten

Aussaat: März bis August

Keimdauer: 10 bis 18 Tage

Ernte: März bis Oktober

Mögliche Nachbarn: Oregano, Petersilie, Rosmarin, Dill, Möhren

Oregano

Wie anderen Küchenkräutern auch werden Oregano zahlreiche gesundheitsfördernde Eigenschaften nachgesagt.

Standort: Sonne bis Halbschatten

Aussaat: ab Mitte Februar auf der Fensterbank

Saattiefe: Lichtkeimer, d.h. nicht mit Erde bedecken, Oregano im Frühjahr in frische Erde umtopfen, da er langfristig mit sich selbst unverträglich ist

Keimdauer: 2 bis 3 Wochen

Ernte: August bis September

Mögliche Nachbarn: Möhren, Lauch, Tomate, Schnittlauch

Rosmarin

Bei der Verarbeitung dieses mediterranen Würzkrauts ist es – wie bei allen Kräutern – sehr wichtig, frische Zweige zu verwenden. Durch Trocknung und Lagerung geht ein Großteil des typisch harzigen, leicht bitteren Aromas verloren.

Standort: volle Sonne bei sandigem Boden

Aussaat: ab Mitte März; Rosmarin selbst aus Samen zu ziehen ist allerdings sehr mühselig, da er nur langsam keimt und frostempfindlich ist. Einfacher ist es, sich Pflanzen aus Gärtnereien, vom Wochenmarkt oder aus dem Gartencenter zu besorgen.

Ernte: ganzjährig (Abernten der Spitzen fördert Verzweigung)

Mögliche Nachbarn: Salbei, Thymian, Schnittlauch

In der Küche: Rosmarin würzt Hähnchen, Lamm, Fisch sowie Gemüsegerichte und Kartoffeln. Aus der mediterranen Küche ist das Küchenkraut nicht wegzudenken.

Salbei

Der verholzende Salbeistrauch kann bis zu einer Höhe von 60 cm heranwachsen.

Standort: sonnig, mit trockenem, durchlässigem Boden, der mit Kompost und Kalk angereichert ist

Aussaat: ab Mitte März. Einfacher ist jedoch für den Anbau, sich Jungpflanzen vom Gärtner zu besorgen. So erspart man sich die Vorkultur.

Ernte: kurz vor der Blüte, da die Blätter jetzt am aromatischsten sind. Sie können getrocknet oder frisch verwendet werden. Salbei hat ein herb-würziges Aroma, das leicht bitter schmecken kann.

In der Küche: mit Salbei verfeinert man in der Kräuterküche die Zubereitung von Fleisch, Suppen und Fisch

Gemüse auf dem Balkon

Damit Sie rasch die Früchte Ihrer Arbeit ernten können, eignen sich einfache und schnell wachsende Gemüsearten besonders.

Radieschen

Sie sind eine der am längsten anbaubaren Gemüsearten und gedeihen von April bis September. Außerdem wachsen sie sehr schnell und können bereits nach drei bis vier Wochen geerntet werden. Am besten säen Sie sie alle zwei bis drei Wochen neu aus, damit Sie länger ernten können. Da Radieschen selbst in guter Qualität zu einem relativ geringen Preis zu finden sind, empfiehlt sich der Anbau seltener Sorten. So machen Sie eine kleine Entdeckungsreise durch die Sortenvielfalt.

Standort: sonnig bis leicht schattig

Aussaat: Ende März bis September

Ernte: April bis November

Sorten: Eiszapfen, Riesenbutter, Rudi

Mögliche Nachbarn: Bohnen, Erbsen, Möhren, Salat, Spinat und Tomaten

Salat

Die ideale Einstiegspflanze in den Gemüseanbau. Bei entsprechender Aussaat können Sie jeden Abend frischen Salat pflücken.

Standort: sonnig bis halbschattig

Aussaat: März bis August

Ernte: Mai bis Oktober

Sorten: Lollo rosso, Feldsalat, Schnittsalat, Rucola (Blüten entfernen, damit sich keine Samen bilden)

Mögliche Nachbarn: Bohnen, Kohl, Radieschen, Tomaten

Zuckererbsen

Beliebt bei Groß und Klein und hübsch anzusehen.

Standort: sonnig, lockere humose Erde, brauchen eine Rankhilfe

Aussaat: April bis Juli

Ernte: Juni bis August

Sorten: Zuckearfen, Hendriks (Frühe Heinrich)

Mögliche Nachbarn: Dill, Kohl, Möhren, Radieschen, Salat (*ungeeignete Nachbarn:* Bohnen, Kartoffeln, Porree und Tomaten)

Möhren

Wenn man nicht gerade auf dem Wochenmarkt einkaufen geht, findet man in der Gemüseauslage immer nur die gleich aussehenden orangefarbenen Möhren.

Auf dem Balkon können Sie auch einmal alte Sorten, gelbe oder lila Möhren ausprobieren.

Standort: volle Sonne

Aussaat: frühe Sorten bereits ab Ende Februar bis Juni, späte Sorten März bis Juni, abhängig von jeweiliger Sorte

Ernte: Juli bis November

Sorten: Ochsenherzen (frühe Sorte), Rothild, Nantaise 2, Purple Haze

Bohnen

Es gibt Buschbohnen, Stangen- oder Kletterbohnen, Prunkbohnen oder Puffbohnen. Die Pflanzen von Buschbohnen werden ca. 30 bis 40 cm hoch und sind für Kübel sehr gut geeignet.

Kletterbohnen brauchen eine große Rankhilfe in Form von Stangen oder gespannten Seilen.

Standort: sonnige Lage

Aussaat: Ende April (Fensterbank) bzw. Mitte Mai (Balkonkasten) bis Ende Juni

Ernte: Juli bis Oktober

Sorten Buschbohnen: Maxi, Saxa

Sorten Stangenbohnen: Margret, Blauhilde

Mögliche Nachbarn: Dill, Erbsen, Salat, Tomaten, Zwiebeln

Extraschön: Essbare Blüten

Ob Gänseblümchen, Veilchen, Kapuzinerkresse oder Tagetes – essbare Blüten tun dem Auge wohl und sind eine bezaubernde Dekoration auf jedem Teller. Farbenfrohe essbare Blüten machen sich gut in Salaten, an Vorspeisen oder lassen sich sogar schmackhaft füllen. Ergänzen Sie Ihre Balkonkultur um

Borretsch: kandiert, in Eiswürfeln für sommerliche Getränke

Dahlie: Salat

Dilldolde: eingelegte Gurken

Gänseblümchen: Kräuterquark, Suppe

Gartennelke: kandiert

Hibiskus: kandiert, Tee

Holunderblüte: für Gelees, Holunderwein, in Ausbackteig

Kamille: Tee

Kapuzinerkresse: Salat

Knoblauchblüte: Salat

Kürbisblüte: zum Füllen, in Ausbackteig

Lavendel: für Gelees, Süßigkeiten, kandiert

Malve: kandiert, Tee

Rosenblüten: Gelees, zum Aromatisieren von Essig, Likör, Sirup, kandiert

Schnittlauchblüte: Salat

Stiefmütterchen: kandiert

Studentenblume (Tagetes): Salat

Thymian: Kräuterbutter, aromatisiert Essig und Honig

Veilchen: kandiert

Zucchiniblüten: zum Füllen und Frittieren

Auch getrocknete essbare Blüten geben eine feine Würze.

Gemischter Salat mit Spezialmarinade

Für 1 Portion

Meersalz / schwarzer Pfeffer aus der Mühle / je ½ rote und gelbe Paprikaschote / Möhren / Fenchel / Gurke / Kirschtomaten / Frühlingszwiebeln / Champignons / Radieschen / Rucola / Radicchio / Kräuter (z. B. Kerbel, Petersilie, Koriander, Basilikum)

Für die Spezialmarinade

125 ml Agavendicksaft / 250 ml weißer Essig / 1 Prise Meersalz / 20 g Ingwer / 3 Knoblauchzehen / 2 rote Chilischoten

1 Für die Marinade den Ingwer waschen und in Scheiben schneiden. Knoblauch abziehen und grob schneiden. Chilischoten waschen, längs halbieren, entkernen und klein schneiden.

2 Alle Zutaten in ein großes Schraubglas geben, verschließen und gut durchschütteln.

3 Alle Gemüse waschen. Paprika putzen und das Fruchtfleisch in Streifen schneiden. Möhren schälen und in Stifte schneiden. Den Fenchel ausschneiden und in Streifen schneiden. Die Gurke längs halbieren, mit einem Löffel entkernen und in Scheiben schneiden. Kirschtomaten halbieren. Frühlingszwiebeln putzen und in feine Ringe schneiden. Pilze putzen und in feine Scheiben schneiden, die Radieschen putzen und sechsteln. Rucola und Radicchio waschen und den Radicchio in Streifen schneiden. Kräuter waschen, trocken schütteln und fein hacken.

4 Etwas Marinade in eine große Schüssel geben. Rote und gelbe Paprika dazugeben und 10 Min. ziehen lassen. Alle Gemüse, Salate, Früchte und Kräuter hinzugeben und mit der Marinade mischen. Nach Wunsch mit Öl abschmecken, zum Beispiel mit Sesamöl, Nussöl oder Kürbiskernöl.

Tipp

Die Spezialmarinade ist sofort gebrauchsfähig – aber richtig gut erst nach ein paar Stunden. Im Kühlschrank ca. 3 Wochen lang haltbar und immer griffbereit.

Rote-Bete-Salat mit Feta und Hanfsamen

1 Rote Bete in Scheiben schneiden. Den Apfel halbieren, vom Kerngehäuse befreien und in lange Streifen schneiden. Friseesalat putzen, zupfen, in eine Schüssel geben und mit den Apfelstreifen, dem Nussöl und dem Rotweinessig vermengen.

2 Die Hanfnüsse in einer Pfanne ohne Öl goldbraun rösten.

3 Die Rote Bete auf einem Teller verteilen, den Feta zerbröseln und verteilen. Die Frisee-Apfel-Salat-Mischung darauf platzieren und die Hanfsamen auf dem Gericht verteilen.

Für 1 Portion

250 g Rote Bete (geschält und gekocht) / 90 g Feta (Schafs- und / oder Ziegenmilch) / 1 Friseesalat / ½ Apfel / 1 EL Hanfsamen / 1 TL Nussöl / 2 EL Rotweinessig

Das Wichtigste zum Schluss: Trinken

Noch wichtiger als Essen ist? Ja, richtig, Trinken. Ohne essen können wir mehrere Tage oder sogar Wochen durchhalten. Das steckt seit Urzeiten in unserem biologischen Programm, als tagtäglich gut bestückte Supermärkte reinste Science-Fiction waren. Von manchen Produkten in den Regalen ganz zu schweigen… Der Mensch hält Fastenphasen, abhängig vom individuellen Fettspeicher, also ganz gut aus, und sie tun laut Expertenmeinung gelegentlich sogar ganz gut. Wer allerdings längere Zeit keine Flüssigkeit zu sich nimmt – und zu Flüssigkeiten zählen ausschließlich kalorienfreie Getränke wie Wasser, Tee oder Kaffee – entzieht sich eine Lebensgrundlage. Eine ausreichende Flüssigkeitszufuhr ist absolut essenziell, also lebenswichtig.

Das liegt daran, dass der menschliche Körper zu über der Hälfte aus Wasser besteht. Ein erwachsener Mann besteht zu etwa 60 Prozent aus Körperwasser, der Rest besteht je nach Trainingszustand aus Mager- (Muskulatur) und Fettmasse. Der Wasseranteil bei einer erwachsenen Frau schlägt mit 50 bis 55 Prozent zu Buche. Neugeborene haben sogar einen Wasseranteil von 75 bis 80 Prozent. Trotzdem trinken viele Menschen zu wenig. Anzeichen einer unzureichenden Trinkmenge kennen Sie vielleicht selbst: Mundtrockenheit, Durstgefühl, aber auch eine eingeschränkte Leistungs- und Konzentrationsfähigkeit, Schwindelgefühle, Kreislaufprobleme oder Kopfschmerzen werden oft viel zu spät wahrgenommen.

Über das Trinken ersetzen wir Körperflüssigkeiten, denn um leistungsfähig und gesund zu bleiben, muss der prozentuale Wasseranteil im Körper konstant gehalten werden. Nur so kann der Organismus gut funktionieren, denn ohne Flüssigkeit geht gar nichts. Das Wasser übernimmt im Stoffwechsel eine ganze Reihe unterschiedlicher Funktionen. So dient es zum einen als reinen Baustoff für Körperzellen, zum anderen als Lösungs-, Transport- und Kühlmittel bis hin zum Reaktionspartner bei bestimmten chemischen Reaktionen, die im Körper ablaufen.

»Der Wassergehalt von Lebensmitteln ist extrem unterschiedlich. So sind Gemüse und Obst reich an Wasser, den Spitzenplatz belegt die Gurke mit 96 Gramm Wasser in 100 Gramm Fruchtfleisch, gefolgt von Erdbeere oder Wassermelone mit 90 Gramm Wasser auf 100 Gramm.«

Was gibt es zu trinken?

Wasser ist die Empfehlung Nummer 1, auch wenn es auf dem Markt ein schier unüberschaubares Angebot an Getränken gibt. Trinkwasser unterliegt immer der Trinkwasserverordnung und muss bestimmte, kontrollierte Anforderungen erfüllen. Rechtlich gilt Wasser als Lebensmittel und muss jederzeit hygienisch und chemisch vollkommen einwandfrei sein. Die Wasserqualität in Deutschland ist in den meisten Regionen sehr gut. Erkundigen Sie sich bei Ihrem Wasserwerk.

Für den täglichen Gebrauch ist es empfehlenswert, morgens das Wasser aus der Leitung so lange laufen zu lassen, bis es kühl wird. Sobald das Wasser länger als vier Stunden in der Leitung eines Gebäudes steht, können Rost und Bakterien seine Qualität beeinflussen. Am besten füllen Sie sich morgen bereits zwei bis drei Liter in Waserkaraffen oder Schraubflaschen um und packen diese als Basisverpflegung fürs Büro oder wenn Sie unterwegs sind ein.

Das wichtigste Lebensmittel überhaupt: Wasser.

Mineralwasser gewinnt man aus natürlichen oder künstlich erschlossenen Quellen, die ihren Ursprung in unterirdischen, von Verunreinigungen geschützten Quellen haben. Sein Gehalt an Mineralstoffen, Spurenelementen und sonstigen Bestandteilen muss eine ernährungsphysiologische Wirkung aufweisen. Als natürliches Mineralwasser darf nur ein Wasser bezeichnet werden, das amtlich anerkannt ist.

Frucht- und Gemüsesäfte werden zu 100 Prozent aus frischen Früchten hergestellt, dem nichts zugesetzt werden darf. Die Fruchtsaftverordnung erlaubt allerdings, dass bei Früchten, die witterungsbedingt weniger süß sind, mit bis zu 15 Gramm Zucker pro Liter nachgesüßt werden darf. Das muss auf dem Zutatenverzeichnis allerdings kenntlich gemacht werden. Neben sortenreinen Fruchtsäften wie Apfel-, Orangen- oder Traubensaft gibt es auch Säfte aus mehreren Fruchtarten, wie zum Beispiel Orangen-Maracuja-Saft oder Multifruchtsaft. Frucht- und Gemüsesäfte werden meist durch Wärmebehandlung haltbar gemacht und sind frei von Konservierungsstoffen. Bedenken Sie bitte den Zuckergehalt von Fruchtsäften und trinken Sie ein Glas Saft lieber zum Frühstück oder auch zwischendurch als flüssigen »Snack«. Zum Auffüllen der Flüssigkeitsreserven sind Säfte allerdings weniger geeignet.

Fruchtnektare werden aus Früchten, aus Saft oder Konzentrat hergestellt und mit Wasser und Zucker(-arten) (bis zu 20 Prozent sind erlaubt) gesüßt. Der Fruchtsaftgehalt beträgt zwischen 25 und 50 Prozent.

Gemüsenektare sind verdünnte Zubereitungen aus Gemüsesaft. Der Anteil an Gemüsesaft muss mindestens 40 Prozent betragen.

Fruchtsaftgetränke zählen zu den sogenannten Erfrischungsgetränken, zu denen auch Limonaden gerechnet werden. Sie bestehen aus Trinkwasser, Fruchtsaft, Fruchtaromen, Zucker und gegebenenfalls Zusatzstoffen. Je nach Fruchtart beträgt der Mindestfruchtsaftgehalt zwischen 6 und 30 Prozent.

»Manche Getränke liefern einen nicht unerheblichen Teil der täglich aufgenommenen Kalorien. Wenn Sie eine ausgewogene Ernährung anstreben, lohnt sich deshalb ein Blick aufs Etikett. Auch hinsichtlich der Zahngesundheit ist die Wahl der Getränke zu überlegen: Fruchtsäuren können den Zahnschmelz schädigen, Zucker führt zu Karies.«

Vorsicht: Erfrischende Dickmacher

Das Angebot an Erfrischungsgetränken wächst stetig. Das macht die richtige Auswahl nicht immer leicht. Zuckergesüßte Erfrischungsgetränke wie Limonaden, Softdrinks, Fruchtsaftgetränke, Nektare, stark gezuckerte Eistees sowie süße Kaffeegetränke aus dem Kühlregal und auch Trendgetränke wie Bubble Tea sind mit ihrem hohen Zucker- und geringen Nährstoffgehalt nicht empfehlenswert, wenn es ums Durstlöschen geht. Außerdem enthält ein Becher des Modegetränks bis zu 500 Kilokalorien und kann damit eine volle Hauptmahlzeit ersetzen. Laut Nationaler Verzehrsstudie II ist der Konsum zuckergesüßter Getränke und damit die Zufuhr von zugesetztem Zucker bei Jugendlichen und jungen Erwachsenen besonders hoch. Sie tragen mit ihrem Gehalt an Mono- und Disacchariden zu einer erhöhten Energiezufuhr bei. Außerdem haben die Getränke nicht nur eine geringere Sättigungswirkung: Durch das Hochschießen und unter Insulinwirkung rasche Absinken des Blutzuckers kommt es in Folge des Verzehrs von Limo, Cola & Co. zu regelrechten Heißhungerattacken und das fatalerweise meist wieder auf Süßes. Ist das nicht schon der direkte Weg in eine Art Suchtspirale?

Wer reichlich zuckergesüßte Getränke oder auch Alkohol konsumiert, erhöht das Risiko für Übergewicht und Adipositas (Fettleibigkeit), das gefährliche metabolische Syndrom (ein Mix aus verschiedenen gesundheitlichen Risikofaktoren wie Bauchfett, Bluthochdruck, erhöhte Blutfette und Insulinresistenz) und einem Typ-2-Diabetes.

Übrigens: Auch Energydrinks liefern nichts Nahrhaftes. Die Kalorien, die sie aufgrund ihres Zuckergehalts mitbringen, bezeichnet man daher als »leere Kalorien«, da sie sich im Körper in den Fettspeichern anlagern. Nun ist der hohe Zuckeranteil dieser Getränke das eine Problem, das andere ist die Art des zugesetzten Zuckers. Besonders billig für die Hersteller ist Sirup (meist aus Mais), den sie Getränken und auch vielen Fertigprodukten beimischen. Er besteht bis zu 90 Prozent aus Fruktose (siehe hierzu auch Seite 55).

In sogenannten Diätgetränken steckt wiederum kaum Zucker, dafür aber Ersatzstoffe, wie Aspartam oder Saccharin, die kritisch diskutiert werden.

Insofern ist eine Veränderung der Trinkgewohnheiten hin zu kalorienfreien Getränken wie Wasser und/oder Tee der schnellste Weg zur längerfristigen Vorbeugung von Übergewicht. Bei Kindern bringt diese Maßnahme wesentlich mehr als ein Ernährungsunterricht in der Schule.

Tipps fürs Trinken im Alltag

Organisieren Sie Ihre Flüssigkeitszufuhr! Es ist notwendig, permanent genug sowie der körperlichen Belastung und den Witterungsverhältnissen entsprechend zu trinken. Lassen Sie eine Unterversorgung von vornherein nicht zu.

Stellen Sie am Morgen schon Ihre »Tagesmenge« bereit und haben Sie, wo Sie gehen und stehen, eine Trinkflasche dabei. Auch auf Ihrem Nachttisch sollte eine Flasche mit Wasser stehen.

Eine Kiste Wasser im Auto oder eine Flasche im Cupholder ist ideal, um schon auf dem Weg zur Arbeit oder bei anderen Fahrten den eigenen Flüssigkeitshaushalt stabil zu halten.

Verteilen Sie diese Menge über den Tag und trinken Sie nach festgelegtem Zeitplan, eventuell mithilfe einer Uhr! Das ist insbesondere für Senioren hilfreich, die altersbedingt oft nur ein geringes Durstgefühl verspüren, trotzdem aber auf eine ausreichende Flüssigkeitszufuhr angewiesen sind.

Planen Sie kurze Arbeitsunterbrechungen immer auch als »Trinkpausen« ein!

* Füllen Sie jedes leere Glas sofort wieder auf!
* Führen Sie einen Tag lang ein Trinkprotokoll und hängen es an Ihren Kühlschrank. So checken Sie Ihre Trinkgewohnheiten.
* Achten Sie auch bei Ihren Familienmitgliedern auf ausreichende Trinkmengen, besonders bei Kindern und älteren Personen!
* Ein Getränk zum Essen füllt schon einen Teil des Magens, sodass man sich schneller satt fühlt. Beim Maßhalten und Abnehmen kann dieser Nebeneffekt sehr hilfreich sein.
* Bestellen Sie sich im Restaurant immer ungekühltes Wasser. Davon trinkt man in der Regel mehr und es ist besser verträglich für den Verdauungstrakt.

Gute Durstlöscher sind zucker- und energiefreie Getränke. Entsprechend der DGE-Empfehlungen zur Lebensmittelauswahl sind Trink- oder Mineralwasser sowie zuckerfreie Kräuter- und Früchtetees die beste Wahl. Für geschmackliche Abwechslung kann im Sommer ein Spritzer Zitronensaft, frischer Ingwer oder Pfefferminze im Wasser oder Tee sorgen. Auch wasserreiche Lebensmittel wie Melonen, Tomaten und Gurken können bei Trinkmuffeln zur Flüssigkeitsversorgung beitragen.

Ungesüßter Kaffee ohne Milch dient ebenfalls der Flüssigkeitsversorgung und wirkt nicht entwässernd, wie es lange Zeit hieß. Aber: Das darin enthaltene Koffein wirkt aktivierend. Wichtig ist eine gute Qualität des Getränks, und er sollte frisch, kurz und nicht zu heiß gebrüht sein. Ein zu heißer oder auch abgestandener Kaffee kann zu unangenehmem Sodbrennen und Übelkeit führen. Dazu empfehle ich immer ein Glas stilles Wasser.

»Ich folge meiner Leidenschaft. Sie bezieht sich auf alles, was mich positiv antreibt. Um etwas zu schaffen, das diese Welt noch schöner und interessanter macht. Und das nicht nur als Koch und Gastgeber, der ich werden wollte, so lange ich denken kann. Für mich steht nichts still. Ich bin ständig auf der Suche nach neuen Ideen und Abenteuern. Ich schaffe Themen, die sich mit Genuss und Lebensart verbinden lassen.

Für meine Gerichte bin ich immer auf der Suche nach den besten Produkten, respektiere sie in der Verarbeitung und komponiere sie mit kulinarischer Intelligenz zu Gerichten mit ganz eigener Handschrift – nämlich meiner. Ich strebe dabei eher nach harmonischen, natürlich schönen Speisen – nicht nach modellierten Kunstwerken, die ihrer Identität beraubt wurden.«

Paradoxes Genussgetränk oder: Vom Geist des Weines

Ja, es gibt sie: Getränke, deren »innere Werte« sich sehen lassen können. Beäugte man in Ernährungswissenschaftlerkreisen Wein lange nur als Alkohol- und Kalorienlieferanten, so hat die Erforschung der sekundären Pflanzenstoffe (siehe hierzu auch Seite 76) zum Umdenken auch in Medizinerkreisen geführt. Dabei schrieb schon der griechische Schriftsteller und Philosoph Plutarch im ersten Jahrhundert, der Wein sei »unter den Getränken das nützlichste, unter den Arzneien die schmackhafteste, unter den Nahrungsmitteln das angenehmste«. Heute gelingt es zunehmend, die lange vermuteten positiven Gesundheitseffekte wissenschaftlich zu untermauern. Werfen wir dazu einen Blick auf das französische Paradoxon. Dieses besteht darin, dass Franzosen als genuss-, aber eben nicht als besonders gesundheitsbewusst gelten: Auf ihrem Speiseplan stehen deftige Fleischgerichte wie Gänseleber oder gebackene Ente, gehaltvolle Saucen, Käse en masse, abgerundet von süßen Kalorienbomben als Dessert. Zudem rauchen sie immer noch gerne und sprechen gerne dem Alkohol, vor allem in Form von Rotwein, zu. Trotzdem waren sie lange Zeit (bevor Fast-Food-Restaurants auch hier Fuß fassten) gesünder als ihre Nachbarn. Das zeigt sich in weniger Übergewicht, im geringeren Risiko für Herz-Kreislauf-Krankheiten und schließlich in einer hohen Lebenserwartung. Wie ist das zu schaffen? Seit den 1970er-Jahren zeichnete sich ab, dass moderater Weingenuss das Herz und die Gefäße schützt, indem er Verengungen entgegenwirkt. Heute weiß man, dass mäßiger Alkoholkonsum – also etwa ein Viertel Liter Wein täglich für Männer und etwa ein Achtel Liter für Frauen – folgende Vorteile hat:

* die Wirkung des Blutzuckerhormons Insulin wird verbessert,
* das »gute« HDL-Cholesterin steigt um etwa zehn Prozent,
* das Verklumpen von Blutplättchen wird gehemmt,

Wein, ein gesundes Genussmittel mit einer immensen Aromenvielfalt.

* das Blut gerinnt weniger leicht,
* es finden sich weniger Entzündungsmarker im Blut,
* der Blutdruck sinkt.

Voraussetzung ist bei allen, dass sie regelmäßig, aber mäßig trinken und am besten zum Essen und nicht zwischendurch. Ein Teil der positiven Gesundheitswirkungen geht dabei zurück auf den Alkohol, ein Teil auf die Polyphenole Resveratrol, Quercetin (auch in Brokkoli enthalten), Epicatechin und Catechin (auch in Tee und Kaffee). Sie wirken antioxidativ und beugen Zellschäden durch aggressive Sauerstoffmoleküle (freie Radikale) vor. Der Alkohol sorgt dafür, dass die pflanzlichen Wirkstoffe leichter vom Körper aufgenommen werden können.

Und noch ein Wort zu unseren Nachbarn, von denen wir uns in Sachen Genuss ruhig die eine oder andere Scheibe abschneiden dürfen: Ein großes Plus der französischen

Kulinarische Weihen …

»Wir sind damit gesegnet, mit vielen der absolut angenehmsten Menschen der Welt zusammenzuarbeiten, von denen viele auch zu Weltklasseprofis im Sport, Business, Wissenschaft, Medizin, Gesundheit, Kunst und viel mehr gehören. All diese Menschen haben, was es ausmacht: Leidenschaft, Entschiedenheit, Konzentration auf das Wesentliche, Mut, Respekt, Bescheidenheit und Offenheit, was ihnen immer eine Weiterentwicklung ermöglicht. In Holger Stromberg sind all diese Werte vereint. Was sich in jeder Interaktion durch die Gerichte zeigt, die er herstellt. Es ist eine Seltenheit, wenn einem ein ganz neuer Zugang in ein Gebiet gelingt, das so ausführlich dokumentiert und gefeiert wurde wie die kulinarischen Künste. Holger ist zu den höchsten kulinarischen Weihen aufgestiegen und hat den Künsten noch machtvolle WISSENSCHAFT hinzugefügt, ganz ähnlich dem, wie wir ein Gewinnerteam oder eine entsprechende Organisation aufbauen würden. Er hat die absolut wichtigsten Nährstoffe recherchiert und zusammengetragen,

Esskultur ist die enorme Vielfalt an Gerichten und Zutaten. Da werden dann etwas gehaltvollere, fetthaltigere Gänge gerne um leichtere bereichert. Auch die Art der Zubereitung ist von Bedeutung: Die Gesundmacher Knoblauch und Olivenöl (siehe Seite 128) dienen regelmäßig als Grundlage für Saucen und sind oft Bestandteil von Beilagen. Hinzu kommt eine große Sorgfalt bei der Wahl der Zutaten im Hinblick auf deren Frische und Qualität. Nicht zuletzt wird das Essen selbst zelebriert: Mahlzeiten sind eine feste Institution im Tagesablauf und nichts, was eben zwischen zwei Termine geschoben wird. Man isst mit Genuss und ohne Stress. Da auf diese Weise auch langsamer gegessen wird, nimmt man trotz eines höheren Fettkonsums gleichzeitig weniger Kalorien auf als beispielsweise Besucher eines Fast-Food-Restaurants. Nicht zuletzt sind die Portionen kleiner. Savoir-Vivre – die Kunst zu leben – eben.

... plus machtvolle Wissenschaft

die den Schlüssel zu unserer Vitalität und Gesundheit in sich tragen, während sie uns gleichzeitig Freude an der uns nährenden Erfahrung liefern, indem gleichzeitig Geist UND Körper versorgt werden. Es ist inspirierend, Menschen zu beobachten, die alles, was Holger ihnen in seiner Küche anbietet, zum Lächeln bringt und es aufrichtig genießen. Und sogar umso mehr, wenn sie etwas über die vielen stärkenden Nährstoffe in jeder Zutat lernen, die ihre Reise in ihre Träume begleiten. Es ist noch weit mehr, als das bloße Auge in diesem Buch erfährt, mehr als der Mann selbst. Genießen und verinnerlichen Sie all das, was dieses Buch für ein gesundes und glückliches Leben bietet.«

Mit allem Respekt,

Mark Verstegen,
Präsident/Gründer von Athletes,
Fitnesstrainer der Deutschen Fußballnationalmannschaft 2006
(Bundestrainer Jürgen Klinsmann)

Tipps für den Weinkauf

Ambitionierte Weinliebhaber kennen Ihren Winzer persönlich, andere haben ihre speziellen Bezugsquellen über Weinkontore sowie den gut sortierten Fachhandel. Nur – zum Winzer kommt man in der Regel höchstens einmal im Jahr, sofern man nicht gleich nebenan wohnt, und der Weinfachhandel hat seine (berechtigten) Preise, denn Expertise kostet eben. Was nun tun, wenn man für den Abend Gäste eingeladen hat oder Lust auf ein Glas Rotwein mit der Liebsten hat? Der Weg führt in den Supermarkt und damit vor meterweise bestückte Regale.

Ein Gütezeichen für einen guten Supermarkt ist es, wenn der Wein richtig »behandelt« wird, also beispielsweise nicht von heißen Spots angestrahlt wird. Verstaubte Flaschen sprechen nicht eben für ein spannendes Sortiment, das Kunden anlockt. Die Sortierung der Weine sollte einfach nachvollziehbar sein, also beispielsweise nach Herkunftsregion, Geschmacksrichtungen und Preis. Letzterer sollte klar sicht- und lesbar sein. Idealerweise finden Sie zusätzliche Informationen, wie etwa über kulinarische Einsatzmöglichkeiten, am Regal, sofern Sie diese nicht auf dem Etikett finden. In richtig guten Märkten finden Sie immer einen Mitarbeiter, der sich in Sachen Wein, Sekt & Co. bestens auskennt.

Kleiner Tipp für den Restaurantbesuch: Lassen Sie sich am besten vom Sommelier beraten. Er kennt sich nicht nur ausgezeichnet im Weinkeller des Hauses aus und wird Ihnen nach bestem Wissen und Gewissen den passenden Tropfen zu Ihrem Menü servieren; er freut sich sogar darüber, wenn Sie auch als blutiger Laie auf sein Wissen zurückgreifen.

Weinzubehör

Karaffen und Dekanter: Sie sind die wichtigsten Utensilien, um einen guten Wein richtig genießen zu können. Vor allem Rotwein wird erst in einem Dekanter optimal belüftet und entfaltet so sein volles Weinaroma.

Ausgießer und Verschlüsse: Wein sollte immer wieder verschlossen werden, damit Sie auch noch nach Tagen den optimalen Genuss haben. Ideal dafür sind Weinverschlüsse und Vakuumpumpen.

Weinkühler und Kühlmanschetten: Für eine gleichbleibende Temperatur des Weins empfiehlt sich ein Weinkühler oder eine Kühlmanschette, die die Weinflasche umschließt und die Temperatur zuverlässig hält. Mit speziellem Kühlgel ausgestattete Kühlmanschetten und Weinkühler können eine Weinflasche in nur fünf Minuten von Zimmertemperatur auf Trinktemperatur kühlen.

Aromabar (für Fortgeschrittene): Mithilfe sogenannter Aromabars lernen Sie, die im Wein vorkommenden Duft- und Geschmacksstoffe zu erkennen. So können Sie mit der Zeit und ein bisschen Übung Rebsorten, Weinanbaugebiete sowie verschiedene Weine beurteilen und einordnen. Dabei vergleicht man das Bukett eines Weins mit den Aromen aus den jeweiligen Flakons.

Die 16 größten Ernährungsirrtümer

Fett macht fett und verstopft die Gefäße

Das ist überholt und stammt noch aus den Zeiten der Low-Fat-Bewegung, einem Diättrend, der in den 80er-Jahren überaus beliebt war und vielen Speisen weitgehende Geschmacksfreiheit bescherte. Wir brauchen Fett. Nicht nur als Geschmacks- und Aromenträger. Laut der Deutschen Ernährungsgesellschaft (DGE) sollen es bei einem Erwachsenen rund 30 Prozent aller Kalorien sein, also etwa 70 bis 80 Gramm Fett am Tag. Mehr davon macht dann auf lange Sicht gesehen und bei einem unbewegten Lebensstil schon fett. Wichtig ist auch die Auswahl der richtigen Fette. Toll sind ungesättigte Fettsäuren aus Oliven oder Walnüssen, gerne in der Küche verwendet in Form von Öl für Antipasti und Salate. Und auch die Fette aus fetten Seefischen sind gesund. Sie schützen das Immunsystem, Herz und Kreislauf. Nachweislich ungünstig für die Figur, die Gesundheit und das Wohlbefinden: versteckte Fette in Convenience-Produkten oder stark verarbeiteten Lebensmitteln. Ja, und zu viel Salami und Wurst im Allgemeinen sollte es auch nicht sein.

Rohkost ist gesünder

Stimmt nicht unbedingt. Manche Nährstoffe kann der Körper erst aufnehmen, wenn das Gemüse gegart ist. Das ist beispielsweise bei Carotinoiden in Möhren, Tomaten oder Paprikaschoten der Fall. Außer, Sie marinieren diese Sorten in Öl. Roh ist es für manche Menschen schwerer verdaulich. Aber hier gilt wie immer beim Essen und Genießen: Auf das richtige Maß kommt es an.

Muscheln soll man nur in den R-Monaten essen

Jein. Früher war es sinnvoll, Muscheln in Monaten zwischen September und März zu essen. Im Sommer nehmen Muscheln gerne Giftstoffe aus blühenden Algen auf. Das konnte gelegentlich zu unangenehmen Vergiftungserscheinungen führen. Heute werden die Muscheln nach der

Ernte so gelagert, dass sie die aufgenommenen Gifte wieder ausscheiden. Und es gibt eine funktionierende Kühlkette. Aber: Muscheln laichen zwischen Juni und August. Das ist zwar nicht ungesund, beeinträchtigt aber mitunter den Geschmack.

Bio-Produkte sind gesünder als konventionell angebaute Nahrungsmittel

Laut neueren Studien ist das überholt. Forscher in der US-amerikanischen Universität Stanford, wie veröffentlicht im Fachblatt »Annals of Internal Medicine«, fanden keinen deutlichen Nachweis, dass biologische Lebensmittel mehr Nährstoffe enthalten oder ein geringeres Risiko für die Gesundheit darstellen. Allerdings ist das Risiko, Pflanzenschutzmittel auf dem Teller zu haben, geringer. Mein Favorit: Saisonal einkaufen, regional einkaufen, beim Bauern, Gärtner, Metzger, Fischhändler Ihres Vertrauens. Oder in Ihrem gut sortierten Supermarkt. Mit den Menschen dort kann man sprechen. Ähnlich wie sich ein Sommelier freut, wenn Sie ihn nach einem passenden Wein fragen, fühlt sich der Mitarbeiter in Ihrem Lieblingssupermarkt motiviert, sich in Sachen Ernährungswissen fit zu machen und es auf Anfrage auch mit Ihnen zu teilen.

»Holger hat es sogar geschafft, Hamburger nicht nur unglaublich lecker, sondern auch gesund im Speiseplan der Nationalmannschaft unterzubringen! Dazu mein Kompliment dem Meister der Gewürze.«

Simon Rolfes

Eier sind gefährlich für den Cholesterinspiegel

... und schädigen so langfristig Herz und Gefäße. Eier enthalten zwar tatsächlich reichlich Cholesterin. Richtig ist auch, dass zu viel davon, insbesondere vom »schlechten« LDL-Cholesterin, Herz und Gefäße belastet. Aber Eier schlagen sich eben nicht auf den Cholesterinspiegel nieder. Untersuchungen an der Universität von Surrey zeigten, dass die Darmzellen dafür undurchlässig sind. Bei manchen Menschen sinken kritische Werte sogar. Genaueren Aufschluss kann da allerdings nur ein Blutbild bei Ihrem Hausarzt geben. Für die Ernährung sind Eier nach wie vor ein hoch gesundes Lebensmittel – solange sie aus Bio-Haltung stammen (hier passt Bio). Sie enthalten viel Vitamin B und K, Mineralstoffe und Jod. Und es steckt reichlich Eiweiß im Ei – das machte satt und ist der ideale Baustoff für Ihre Muskulatur – sofern Sie sie benutzen.

Obst ist gesund

Stimmt bedingt, wenn meine schöne Einkaufsregel eingehalten wird. Sie erinnern sich: saisonal, regional. Dann liefern frische Früchte tatsächlich reichlich Ballaststoffe und Vitamine. Wenn Sie im Winter Erdbeeren und Pfirsiche kaufen, sind die oft enorm schadstoffbelastet. Und: Süßes Obst steckt voller Fruchtzucker, beispielsweise süße Äpfel, Bananen oder Weintrauben. Im Übermaß genossen machen diese Zuckerbomben dick. Auch führt eine hohe Dosis Fruchtzucker dazu, dass die gesundheitsschädlichen Blutfette (Triglyzeride) ansteigen und verschiedene Körpergewebe regelrecht »verzuckern«. Dadurch werden diese in ihrer Funktion gestört. Meine Empfehlung: zuckerreiches Obst in Maßen und ansonsten zu zuckerärmeren Sorten greifen, wie zum Beispiel Melone und Beerenfrüchten, die nach Sommer schmecken.

Rotwein macht Kopfschmerzen

Naja, zum einen ist das wie immer eine Frage der Dosis, und das kann Ihnen auch passieren, wenn Sie tagsüber zu wenig Flüssigkeit (Wasser, Tee & Co.) zu sich nehmen. Zum anderen ist Rotwein – in Maßen genossen – gesund. Die darin enthaltenen Polyphenole (siehe Seite 78) verhindern die Oxidation des »schlechten« LDL-Cholesterins und verhindert so schädliche Ablagerungen an den Arterieninnenwänden. Verschiedene Studien haben gezeigt, dass Menschen, die regelmäßig, aber maßvoll Rotwein trinken, gegenüber Nichttrinkern oder Menschen, die andere Arten von Alkohol konsumieren, ein um 50 Prozent vermindertes Risiko aufweisen, einen Herzinfarkt oder Schlaganfall zu erleiden. Das Phänomen ist auch als French Paradox bekannt, denn das Herzinfarktrisiko ist in Frankreich für Männer und Frauen zwischen 40 und 69 Jahren nur halb so hoch im Vergleich zu anderen Ländern – und das, obwohl die Franzosen gut und gerne essen (und gelegentlich auch rauchen). Allerdings gibt es auch Menschen, die allergisch auf bestimmte Inhaltsstoffe reagieren. Das ist insbesondere bei älteren Rotweinen der Fall.

Spargel entwässert und macht schlank

Okay, Spargel besteht zu 90 Prozent aus Wasser und macht daher nicht dick. Die meisten Menschen können ihn und seine wertvollen Inhaltsstoffe wie Vitamin C, Vitamin E und B-Vitamine unbeschwert genießen. Außerdem enthält Spargel Asparaginsäure. Sie regt die Nierenfunktion an und wirkt somit entwässernd. Auch hier spielt natürlich die Menge eine gewisse Rolle ... Die dunkle Seite von Spargel ist weniger angenehm und führt zu zwickenden Gelenken. Vor allem bei zu viel Harnsäure im Blut oder nicht ganz gesunden Nieren kann übermäßiger Spargelgenuss zu unangenehmen Gichtanfällen führen.

»Ohne Zucker« bedeutet zuckerfrei

Das ist falsch. Denn Zucker hat viele Namen. Da Zucker in vielen Fertiglebensmitteln steckt, ist vorgeschrieben, dass er im Zutatenverzeichnis auftaucht – je mehr Zucker im Produkt versteckt ist, desto weiter vorne auf der Liste muss er stehen. Diese Regelung lässt sich umgehen, indem man Zucker zwar verwendet, ihn aber unter anderen Bezeichnungen aufführt. Wenn Sie also die Begriffe Glukose (Traubenzucker), Glukosesirup, Fruktose (Fruchtzucker), Dextrose, Maltodextrin, Maltose, Malzzucker, Laktose (Milchzucker), Saccharose und andere Worte, die auf -ose lesen, so haben Sie es mit Zucker tun. Auch natürliche Süßungsmittel wie Fruchtdicksäfte, Agavensaft, Sirup oder Honig wirken geschmacklich und im Körper wie Zucker. Honig enthält etwa 80 Prozent Zucker (Glukose, Fruktose, Saccharose). Ahornsirup circa 65 Prozent und Apfel- und Birnendicksaft 78 Prozent Zucker.

Margarine ist gesünder als Butter

Butter geriet in den letzten Jahren in Verruf aufgrund ihres relativ hohen Gehalts an gesättigten Fettsäuren, die die Entstehung von Herz-Kreislauf-Erkrankungen begünstigen sollen. Aber: Butter ist ein echtes Lebensmittel, das darüber hinaus noch viele andere wertvolle Inhaltsstoffe bietet, wie die Vitamine A, D und E sowie Linolsäure, die ihrerseits aus wertvollen ungesättigten Fettsäuren besteht. Neuere Studien konnten außerdem zeigen, dass gerade gesättigte Fettsäuren das herzschützende HDL-Cholesterin im Blut erhöhen und damit die Effekte des »schlechten« LDL-Cholesterins ausgleichen können.

Der Energiegehalt von Butter und Margarine ist außerdem fast gleich. Zudem ist Margarine ein stark verarbeitetes Nahrungsmittel, das neben Konservierungsstoffen, Emulgatoren und künstlichen Aromastoffen auch die gefährlichen Transfette enthalten kann (erkennbar an der Auszeichnung »enthält gehärtete Fette« auf der Packung). Diese erhöhen deutlich das Risiko, an Herz-Kreislauf-Beschwerden oder Typ-2-Diabetes zu erkranken.

Nach dem Sport: Apfelschorle statt Bier

Interessante Empfehlung. Nur enthalten selbst ungesüßte Säfte reichlich Zucker (siehe Obst, Seite 102). In einem 0,4-l-Glas Apfelsaft stecken stattliche 42 Gramm Kohlenhydrate, also die Menge von 13 Zuckerwürfeln. In einem Glas mit 200 ml Apfelschorle stecken auch noch drei Würfel Zucker. Damit hat Apfelsaft sogar noch mehr Kalorien als Bier! Meine Empfehlung: Nach dem Sport ordentlich Wasser trinken, das Bier auf den Abend verlegen oder gleich auf ein Glas herzschützenden Rotwein umsteigen.

Pflanzliches Eiweiß ist gesünder als tierisches Eiweiß

Jede Form von Eiweiß (Protein) besteht aus Aminosäurenketten. Die essenziellen müssen wir mit der Nahrung aufnehmen (siehe auch Seite 57). Die Qualität des aufgenommenen Eiweißes entscheidet darüber, wie gut sie der Körper verwerten kann. Pflanzliches Eiweiß, zum Beispiel aus Hülsenfrüchten (Linsen, Erbsen, Bohnen & Co.), hat eine geringere biologische Wertigkeit im Vergleich zu Proteinen aus tierischen Lebensmitteln (Eier, Milch und Milchprodukte, Fleisch und Fisch).

Aufgewärmte Pilze sind giftig

Dieser Glaubenssatz stammt aus einer Zeit, als es noch keine technischen Kühlmöglichkeiten gab. Speisepilze sollten immer frisch verarbeitet werden, denn verdorbene Pilze können tatsächlich zu Vergiftungen führen. Waldpilze sind dabei anfälliger für Fäulnis als Zuchtpilze. Beide sollte man vor dem Zubereiten genau untersuchen und putzen. Frische Pilzgerichte halten sich im Kühlschrank problemlos einen Tag lang und können bei mindestens 70 Grad risikolos wieder aufgewärmt werden.

Eier müssen in den Kühlschrank

Nein, müssen sie nicht. In vielen Supermärkten finden Sie Eier ungekühlt auch in den heißesten Sommermonaten im Regal. Denn Eier verfügen nach dem Legen über eine natürliche Schutzschicht, die Cuticula. In Deutschland werden Eier nicht gewaschen, sondern nur abgebürstet. Deshalb dürfen sie nach dem Legen 18 Tage lang ungekühlt aufbewahrt werden. Danach wirkt der Schutz nicht mehr so gut, und die Eier müssen kalt gestellt werden. Wenn Sie nun nicht immer aufs Legedatum schauen wollen, können Sie die Eier natürlich auch gleich nach dem Einkauf in den Kühlschrank packen. Dann sollte die Kühlkette aber nicht mehr unterbrochen werden, da sich Kondenswasser auf der Eierschale bilden kann, das durch die Schale ins Innere dringt und dabei Keime mit sich nimmt.

Schokolade macht süchtig

Sie lieben Schokolade und machen sich langsam Sorgen, ob sich dahinter nicht ein gefährliches Suchtverhalten verbirgt? Hier kommt die Entwarnung: Heißhunger auf Schokolade ist keine körperlich bedingte Sucht, geschweige denn eine Abhängigkeit von bestimmten, darin enthaltenen Substanzen. Psychoaktive Stoffe wie Koffein oder Theobromin sind in Schokolade nur in minimalen Dosen enthalten. Reichlich steckt dagegen Kakaomasse und Zucker in dunkler Schokolade – und die Aminosäure Tryptophan. Sie ist die Vorstufe des Gute-Laune-Hormons Serotonin,

»Früher habe ich mich lediglich auf mein Talent und meinen Fleiß besonnen, heute höre ich zudem auf meinen Körper. Ebenso bei der Auswahl meiner Speisen. So habe ich früher vor dem Spiel Suppe gegessen. Heute esse ich meist bunten, saisonalen Salat mit frischem Fisch und Kräutern und spüre, dass ich dadurch wesentlich leistungsfähiger bin.«

Manuel Neuer

weshalb sich nach dem Genuss eines Stücks Schokolade wie automatisch die Laune hebt.

Mineralwasser ist gesünder als Leitungswasser

Eine Glaubensfrage. Verpackung und Transport von H_2O in Flaschen erzeugt zum einen schon einmal einen riesigen ökologischen Fußabdruck. Und auch das Argument vieler Hersteller mit dem besseren Geschmack und dem Gesundheitsargument ist fragwürdig. Fakt ist, dass keinem Leitungswassertrinker ein Mineralienmangel droht. Zudem muss Mineralwasser seit 1980 keine Mindestmenge an Mineralien (siehe Seite 73) enthalten, das ist gesetzlich geregelt. Die Stiftung Warentest hat im Jahr 2005 Mineralwässer untersucht und jedes zweite davon war »mineralstoffarm«. Oft enthält Leitungswasser, je nachdem, woher es kommt, mehr Mineralien als die Flasche aus dem Getränkemarkt. Wer sich außerdem ausgewogen ernährt, nimmt auch durch seine Nahrung ausreichend Mineralstoffe zu sich. Wichtig: Erkundigen Sie sich bei Ihrem Wasserwirtschaftsamt über die Trinkwasserqualität, die Sie aus Ihrer Leitung zu erwarten haben. Der aktuelle Bericht zur Trinkwasserqualität des Bundesgesundheitsministeriums und des Umweltbundesamtes (UBA) aus dem Jahr 2012 zeigt, dass das Trinkwasser in Deutschland von bester Qualität ist.

Gut & gesund: Vegetarisch!

Ausreichend trinken, vor allem Wasser in guter Qualität, ist eine wichtige Voraussetzung für einen reibungslos funktionierenden Stoffwechsel und gute Leistungen. Gut für die Gesundheit ist auch ein abwechslungsreicher Speiseplan, auf dem nicht nur Fleisch und Fisch stehen. Lassen Sie sich ruhig von einem der wichtigsten Ernährungstrends der letzten Jahre inspirieren: die vegetarische Küche.

Essen ohne tierische Produkte ist absolut trendy. Falsche Würstchen und Sonntagsbraten aus Weizenfleisch (Seitan) kommen besonders bei Jüngeren gut an. Vegetarier (Kurzform: Veggie) essen nichts vom getöteten Tier – das ist der einfachste gemeinsame Nenner. Viele davon als Reaktion auf die BSE-Krise, die Vogelgrippe oder die Gammelfleischskandale. Aber auch die Kritik an der Massentierhaltung und der Gesundheitsaspekt spielen eine Rolle. Ihren Exotenstatus haben Vegetarier eigentlich längst eingebüßt. In Deutschland verzichten heute zwischen fünf bis sechs Millionen Menschen auf Fleisch und befolgen eine der unterschiedlich strengen Formen des Vegetarismus. Vorausgesetzt, sie ernähren sich ausgewogen, scheinen sie tatsächlich einen Gesundheitsvorteil zu haben. Viele Vegetarier verzichten nur auf Fleisch und Fisch, essen aber Milchprodukte (Lakto-Vegetarier) und Eier (Ovo-Lakto-Vegetarier). Außerdem greifen sie häufig zu Vollkorn- und Sojaprodukten oder Hülsenfrüchten, die den täglichen Eiweißbedarf decken. Ob der häufig bessere Gesundheitszustand von Vegetariern nun durch ihre fleischlose Ernährung oder schlicht durch einen allgemein gesünderen Lebenswandel zu erklären ist, lässt sich so einfach nicht begründen. Vegetarier verzichten oft auf Rauchen oder Alkohol und greifen gerne zu gesunden Nahrungsmitteln. Darum ist es möglich, dass sie aus diesem Grund gesünder sind. Eine extreme Form des Vegetarismus pflegen Veganer: Da die Milch- und Eierproduktion untrennbar mit Tierhaltung und möglichen Nachteilen verbunden ist, verzichten diese nicht nur auf alle Lebensmittel vom Tier, zum Beispiel auch auf Honig, sie kaufen auch keine Lederprodukte oder Wollpullis.

Praxis:

Die besten Basics für Ihren Vorrat

Mit den folgenden Grundzutaten, die Sie immer im Haus haben sollten, sind Sie für jede Kochaktion und jeden kleinen oder größeren Hunger bestens gerüstet. Außerdem spart ein geschickter Vorrat viel Zeit, weshalb die Ausrede »das dauert viel zu lange« ab heute nicht mehr zählt. Blenden Sie zukünftig beim Einkaufen bestimmte Nahrungsmittel, die mit Lebensmitteln nichts zu tun haben, aus und achten Sie auf Qualität vor Quantität. Am besten geht es Ihnen, wenn Sie sich langfristig eher fett- und ballaststoffreich ernähren.

Mit hochwertigem Fleisch, Fisch (beides einmal pro Woche), guten Eiern, Oliven-, Raps- oder Leinöl und Nüssen zapfen Sie die besten Fett- und Proteinquellen an.

Kombinieren Sie das mit frischem, saisonalem Obst und Gemüse und ergänzen Sie es durch Milchprodukte. Bei Getreideprodukten fällt die Entscheidung für Vollkorn. So versorgen Sie sich mit wertvollen Inhaltsstoffen, belasten Ihren Körper weniger und haben ein großes Plus an Energie!

Angenehmer Nebeneffekt: Ihre Geschmacksnerven werden wieder sensibilisiert und Essen wird zum sinnlichen Genuss. Denn alles, was Sie ohne Genuss essen, ist überflüssig!

Jeder Kühlschrank besitzt verschiedene »Klimazonen«, die auf die unterschiedlichen Lebensmittelgruppen abgestimmt sind.

Kühlschrankvorrat

* **Butter**
* 1 Packung **Bio-Eier**
* 1 Flasche oder 1 Tetrapak **Milch** (nach Belieben fettarm)
* je 1 Becher **Sahne, saure Sahne, Joghurt** oder **Crème fraîche** (eventuell fettreduziert)
  alternativ für Vegetarier:
  1 Flasche oder 1 Tetrapak **Sojamilch**
  1 Becher **Sojasahne**
  1 großer Becher **(Soja-)Joghurt** (halbfett)
* 1 Packung **Frischkäse**
* 1 Becher **Quark**
* **Hartkäse** (Parmesan, Grana)
* 1 **Mozzarella**

Gefrierfachvorrat

* **Beeren**
* **Tiefkühlfisch**
* **Meeresfrüchte**
* **Garnelen**

Schrankvorrat

* 1 Flasche oder 1 Tetrapak **Fruchtsaft**
* **Sonnenblumenkerne, Sesamkörner, Leinsamen, Kürbiskerne**
* **Knäckebrot, Pumpernickel, Reiskräcker**
* **Trockenfrüchte**
  Aprikosen, Apfelringe, Feigen, Datteln, Pflaumen, Rosinen
* **Marmelade** oder **Fruchtaufstrich**
  (Rezepte finden Sie ab Seite 132)
* **Honig**
* **Agavendicksaft**
* **Rohr-** oder **Rübenzucker**
* **Mehrkorngetreide, Weizenkleie, Haferflocken**
* **Haferkleie, Weizenkeime**
* **Mehl**
* **Reis**
* **Eiernudeln**
  Alternativ: **Mie-Nudeln** oder **Wok-Nudeln**)
* 1 Glas **Senf**
* **Essig**
  (echten Balsamico, Obstessig)
* **Pflanzenöle**
  zum Beispiel Oliven-, Walnuss-, Raps-, Lein-, Kokosöl
* **Tomatenmark**
* Je 1 Packung **Berglinsen, Bohnen, Erbsen**
  (getrocknet)

* Je 2 **Konserven** (zum Beispiel Dosentomaten)
* 1 Flasche trockenen **Weiß-** oder **Rotwein**
* **Salz** und **schwarzer Pfeffer** aus der Mühle
* **Gewürze**
  klassische Suppengewürze:
  Muskatnuss, Piment, Wacholderbeeren, schwarze Pfefferkörner, Fenchelsamen, Lorbeerblätter, Gewürznelken, Senfkörner, Paprika- und Currypulver, Chilischoten
* **Sojasauce**
* **Shoya-Fischsauce**
* **Tamari**
* **Gemüsebrühe** (Pulver oder Würfel)
* **Zwiebeln, Schalotten, Knoblauch, Kartoffeln** (dunkel und kühl lagern)

»Kochen und der kreative Umgang mit Nahrungsmitteln machen Spaß. Ihre Familie, Ihr Partner oder Ihre Partnerin und Ihre Freunde werden von Ihren neuen Talenten begeistert sein und Sie dafür lieben. Ganz nebenbei trainieren Sie Ihr Ernährungsbewusstsein auf sinnliche und vergnügliche Art. Wenn Sie dann wirklich »angesteckt« sind von Ihrer neuen Leidenschaft, gönnen Sie sich als Extra-Wellness-Einheit einmal ein Kochseminar beim Profi. Da lernt man nette Leute (Gleichgesinnte) kennen und erfährt tolle Tipps & Tricks.«

Die Aaas und Ooohs der guten Küche

»Das Geheimnis einer hochwertigen Produktqualität liegt in gewachsenen Handwerkstraditionen. Mir selbst ist bei der Auswahl meiner Basiszutaten auch Regionalität wichtig. Mit der richtigen Ausrüstung macht Kreativsein am Herd dann noch mehr Freude.«

STROMBERG
KUTCHIIN

Qualität ist alles

»Lassen Sie sich nicht von Siegeln verführen! Kaufen Sie lieber direkt bei Ihrem Bäcker, Gemüsegärtner oder Metzger ein oder fragen Sie in Ihrem Lebensmittelgeschäft nach, was sich hinter bestimmten Labels verbirgt.«

Beim Einkaufen von Lebensmitteln gibt es mehrere Regeln. Die wichtigste: Qualität ist alles. Doch in Zeiten bunter Verpackungen, eingeschweißter Fleischstücke und Obstregalen, in denen ein Apfel aussieht wie der andere, ist es gar nicht so einfach, diese auszumachen. Die Lebensmittelhersteller bieten dazu ihre hilfreiche Hand. Was wirkt vertrauenerweckender als eine auf die Packung gedruckte Auszeichnung? Diese »Lebensmittelorden« gibt es mittlerweile massenweise, was beim Verbraucher allerdings nicht gerade für den guten Durchblick sorgt: Siegel, Prüf- und Gütezeichen, Labels und Logos sollen uns zeigen, dass wir es beim Einkauf mit Lebensmitteln von besonders guter Qualität zu tun haben. Allerdings gibt es nicht nur viele dieser Aus- und Bezeichnungen. Was sie bedeuten ist ähnlich babylonisch – auch reine Marketingmaßnahmen können sich dahinter verbergen – und für den normalen Verbraucher nicht immer verständlich. Da gibt es Garantien für »Besseresser«, geprüfte Spitzenqualitäten und jede Menge Bio-Siegel, denen teilweise ganz unterschiedlich strenge Bewertungskriterien zugrunde liegen.

Auf der Suche nach dem Echten

Das heißt: Einerseits wünschen sich die Menschen mehr Naturverbundenheit und Echtheit beim Essen und insbesondere für ihre Lebensmittel. Daraus rührt der Wunsch, möglichst naturbelassene Produkte zu kaufen, wie Verbraucherschützer wissen *(Quelle: aid-Infodienst).* Und die Menschen glauben daran, dass Lebensmittel mit irgendeinem Siegel vertrauenswürdiger sind als solche ohne, wie eine Studie an der Uni Münster zeigte. Eine ganze Reihe von Siegeln, vor allem die Bio-Siegel, sind dabei durchaus seriös. Andere wiederum wurden von Herstellern entwickelt und einfach auf ihre Produkte gedruckt, damit diese verlockender wirken.

Denn in Deutschland gibt es kaum gesetzliche Bestimmungen für die Siegel auf Lebensmittelverpackungen. Hersteller wissen, dass sie höhere Gewinne erzielen können, wenn sie ihre Produkte mit einem Siegel oder Prüfzeichen aufpeppen. Was aber welches Siegel tatsächlich aussagt, hängt immer davon ab, wer die Bewertungskriterien festlegt und kontrolliert.

Lassen Sie sich beim Einkauf von geschultem Fachpersonal beraten.

Einkaufen erleben

Als Verbraucher ist es nicht so einfach, hinter die Kulissen zu blicken. Und es gibt keine allgemeingültigen Messmethoden, um die Güte eines Lebensmittels wirklich festzustellen. Das sicherste Instrumentarium für die Auswahl der richtigen Produkte, die zugleich maximalen Genuss versprechen, sind unsere Sinne. Aus diesem Grund empfehle ich, Lebensmittel so nah wie möglich beim Hersteller zu kaufen oder bei einem Händler seines Vertrauens, der seine Gemüse- und Obstregale, seine Fleisch-, Fisch- und Käsetheken erstklassig bestückt. Ihn erkennen Sie spätestens daran, dass man mit ihm über Lebensmittel sprechen kann und dass er sich in der Materie auskennt.

So wird Ihnen der Metzger Ihres Vertrauens alles über die Herkunft des Fleischs in seiner Theke erzählen können, über die Haltebedingungen der Tiere, über Reifezeiten oder darüber, wie er Wurst herstellt. Ihr Gemüsegärtner bietet Ihnen saisonales Freilandgemüse und -obst aus der Region und hat Tipps und Rezepte für ihre kulinarische Verarbeitung parat. Ihr Bäcker liefert handwerklich hergestelltes Brot und Brötchen ohne Zusatzstoffe. Und: Sie können die Produkte mit all ihren Sinnen erfassen. Denn in kleineren Läden darf man oft Kostproben nehmen, schnuppern und betrachten.

Tischlein deck dich – stilvoll speisen

Das funktioniert am einfachsten in Gesellschaft. Doch auch wenn Sie alleine essen, sorgen Sie für einen schönen Rahmen. Decken Sie sich den Tisch, räumen Sie Arbeitsutensilien und alles, was nicht mit Ihrer Mahlzeit zu tun hat, beiseite und nehmen Sie sich eine bewusste Auszeit. Essen hat viel mit Entspannung und Selbstfürsorge zu tun! Lesen Sie nicht beim Essen und schauen Sie dabei auch nicht fern. Auch auf Mahlzeiten im Stehen oder Gehen sollten Sie möglichst verzichten. Studien haben gezeigt, dass diese Angewohnheit richtig dick macht. Das liegt daran, dass man in dieser Situation zu schnell isst und nicht richtig kaut.

Ein gepflegt eingedeckter Tisch ist nicht nur eine Stilfrage. Er hat immer auch einen ernährungsphysiologischen Aspekt. Denn ein Essen, das in einer angenehmen Umgebung eingenommen wird und für das man sich Zeit lässt, ist einfach bekömmlicher. Wie der Tisch eingedeckt wird, sollte der jeweiligen Gelegenheit angepasst sein und eine angenehme Stimmung verbreiten. Auch wenn Sie nicht für jedes Gericht das haargenau passende Geschirr zur Verfügung haben, können Sie kreativ und ästhetisch variieren.

Bestimmte Basisgedecke lassen sich je nach Personenkreis und Speisenfolge abwandeln.

Vorspeisen- oder Salatgabel
Fleisch-
gabel
Fischgabel

Dessertbesteck
Weinglas
Wasserglas
Fleischmesser
Fischmesser
Vorspeisen-
messer
Suppenlöffel

So geht's

Beim Eindecken haben Sie verschiedene Möglichkeiten, je nachdem wie viele Gänge Sie servieren möchten und wie viele Weine Sie zum Menü servieren. Folgende Gedecke sind Beispiele für drei- bis viergängige Menüs.

Gedeck 1: Suppe, Hauptgericht (Fleisch), Dessert, Wein

Gedeck 2: Suppe, Fisch- und Fleischgericht, Dessert, Weiß- und Rotwein

Gedeck 3: Suppe, Fisch- und Fleischgericht, Eis, Sekt, Weiß- und Rotwein

Gedeck 4: Vorspeise, Fisch- und Fleischgericht, Dessert, Sekt, Weiß- und Rotwein

Beim **Tischbesteck** arbeiten Sie sich ganz entspannt von außen nach innen.

Beim **Decken** legt man das Besteck für die jeweiligen Speisen immer von außen nach innen auf: Die Gabel liegt links vom Teller, das Messer rechts. Der Löffel liegt rechts außen und oberhalb des Tellers liegt der Dessertlöffel.

Bei einem **mehrgängigen Menü** kann das Arrangement aus Tellern, Gläsern und Besteck schon etwas verwirrend sein. Dabei ist es im Grunde gar nicht so schwierig, den Überblick zu behalten.

Beim **Eindecken** sollten Sie darauf achten, dass die Schneide des Messers immer nach innen liegt, also zum Teller hin. Bei der Gabel ist es üblich, dass die Zinken nach oben zeigen. Die **Serviette** liegt links vom Teller oder auf dem Teller, wenn es zu eng ist.

Grundsätzlich empfiehlt sich für alle **Einladungen** – zu einem Treffen mit Freunden, für eine Familienfeier, ein Dinner for two oder eine offizielle Einladung – ein Menü. Dabei kommt es in erster Linie darauf an, die einzelnen Gerichte im Stil dem jeweiligen Anlass anzupassen.

Oberster Grundsatz ist, dass sich Zutaten, Aromen, Zubereitungsarten und Farben in einem Menü nicht wiederholen. Ausnahme von dieser Regel wäre, dass Menüs absichtlich auf eine bestimmte Farbe oder ein bestimmtes Lebensmittel abgestimmt werden sollen. Es gibt großartige Kochbücher, in denen Sie Menüvorschläge einfach nachkochen können.

Die realistische Obergrenze für Gastlichkeit in den eigenen vier Wänden liegt bei vier bis fünf Gängen, die mit guter Planung zu bewältigen sind. Im Normalfall reicht aber ein tolles, **mit Liebe gekochtes** Gericht aus, um seine Kochkunst unter Beweis zu stellen. Schrauben Sie Ihre Ansprüche bloß nicht zu hoch und bleiben Sie auf dem Boden.

»Von Holger haben wir Spieler uns oft einen schönen, klassischen Milchreis gewünscht, wie wir ihn noch von Oma kannten. Holger wollte uns immer etwas besonders Gutes tun und hat sich neuartige, spezielle Kreationen einfallen lassen; lecker, jedoch weit weg vom Oma-Milchreis! Nach mehrfachem Bitten und Betteln wurde eines Tages unser Wunsch erhört!!! Fazit: Holger kann kulinarisch ausgetüftelt bis Oma-Klassiko!«

René Adler

Und noch mehr Tipps

* Das gute Benehmen fängt bei Tisch schon vor dem Essen an. Damit wartet man, bis allen Gäste ihre Mahlzeit serviert wurde. Genauso ist es mit dem Trinken.
* Wurde der Tisch für mehrere Gänge gedeckt, liegt das zuerst benötigte Besteck ganz außen. Mit jedem Gang wird auch das entsprechende Besteck abgeräumt. Hat man aufgegessen, wünscht aber einen Nachservice, dann legt man sein Besteck gekreuzt über den Teller. Ist man fertig, legt man Messer und Gabel so auf die rechte Seite des Tellers, dass sie parallel zueinander liegen. Das Servicepersonal weiß dann, dass man von diesem Gang nicht mehr essen möchte.
* Die Serviette wird immer neben dem Teller abgelegt.
* Werden Fingerschalen mit Wasser und Zitronenspalte gereicht, wird ein Gang ohne Besteck genossen. Das ist beispielsweise bei Artischocken der Fall. Die Blätter werden mit den Fingern abgezupft und zum Mund geführt.
* Wer am Ende als Gastgeber für eine größere Gruppe zahlt, sollte das lieber nicht am Tisch tun. Das Trinkgeld von einem zufriedenen Gast beträgt zwischen fünf und zehn Prozent.

Von der Kunst,
Lebensmittel herzustellen

Kochen ist weit mehr als eine alltägliche Verrichtung, Kochen ist eine Kunst und eröffnet eine Welt der Kreativität. Das gilt für Kinder wie für Senioren, für Kocheinsteiger, die bisher entweder auf die praktische Mikrowelle gesetzt haben oder solche, die sich am Herd nichts zutrauten – und natürlich auch für Fortgeschrittene (aber die wissen das ja schon). Richtig Spaß und letztlich auch Sinn macht Kochen aber nur, wenn man dabei mit echten Lebensmitteln und Produkten umgeht. Das sind sie, sobald sie handwerklich hergestellt wurden und nicht industriell. Denn wie das Kochen ist auch das Lebensmittelhandwerk eine Kunst, die viel Erfahrung und Liebe zum Handwerk braucht. Denn erst die Kunstfertigkeit des Metzgers, Käsers oder Bäckers, sein Wissen, sein Feingefühl und eben Zeit schaffen geschmacklich individuelle und einzigartige Lebensmittel. Und: Erst dann verdienen diese Produkte auch ihren Namen als Mittel zum Leben.

»Für ein tolles Essen brauchen Sie weder eine Luxusküche noch Produktschnickschnack, sondern einzig und allein Respekt und Wertschätzung für gute Lebensmittel.«

Mittlerweile erleben wir, dass das Lebensmittelhandwerk und seine Produkte wieder mehr Wertschätzung erfährt. Die Discounterkultur hat zwar viele Bereiche erfasst, trotzdem gibt es auch in Deutschland kritische Verbraucher, die nicht nur bereit sind, für ihr Auto einen guten Preis zu zahlen, sondern auch für ihre Lebensmittel. Die wichtigsten und vielseitigsten traditionell handgemachten Lebensmittel hierzulande sind Käse, Fleisch und Wurst sowie Brot, Bier und Wein.

Alles handgemacht

Käse

Die Kunst der Käseherstellung ist seit alters her unverändert. Käse entsteht, sobald die Milch von Ziegen, Schafen oder Kühen dick und dann trocken gelegt wird. Salz konserviert und verleiht Geschmack. Manche Sorten entwickeln dann im Reiferaum das für sie typische Aroma. Käse ist wohl eines der vielfältigsten Lebensmittel – es gibt schätzungsweise 3 000 Sorten auf der Welt. Der beste Käse wird vom Käser nach wie vor in Handarbeit hergestellt – und bekommt damit Charakter. Seine Rohstoff: Rohmilch von gesunden Kühen, die saftiges Gras und duftende Kräuter auf gesunden Böden gefressen haben (das meine ich mit dem »Prinzip Nahrungskette«!). Nicht fehlen darf dann natürlich ein Käser, der sein Handwerk versteht.

Fleisch

Es ist unser kostbarstes Lebensmittel, auch wenn es heute so billig wie nie zu haben ist. Ich verwende nur Fleisch von tiergerecht gehaltenen Tieren, da man im Fleisch das Leben eines Tiers tatsächlich schmecken kann. Ein gutes Fleisch – ganz gleich, ob Bratenstück, Geschmortes oder Steak – muss geschmackvoll und mit Sachverstand gereift sein. Dazu muss es auch ausreichend Fett und an den richtigen Stellen haben. Das erkennt man an der Marmorierung. Nicht zuletzt spielt auch die Rasse ebenfalls eine entscheidende Rolle. Es gibt Fleischrinder wie Limousin oder Piemonteser, alte Schweinerassen wie das Bentheimer oder Ibérico oder Lämmer von den grünen Wiesen des Voralpenlands. Diese Tiere müssen artgerecht aufgezogen werden mit Zeit zum Wachsen, Auslauf auf der Weide und frischem, natürlichem Futter (»Prinzip Nahrungskette!«). Das alles sind die Grundlagen, damit nach schonender Schlachtung durch einen erfahrenen Metzger und fachgerechtem Abhängen und Reifen Höchstgenuss auf den Tisch kommt.

> »Eines unserer Probleme heute: Du bist, was Du isst – oder: Du bist, was Du Dir selbst zu essen gibst. Wir sollten öfter an das Prinzip Nahrungskette denken: Gibst Du nicht dem Schwein, dem Rind, dem Huhn, dem Fisch seine natürliche Nahrung und seinen Raum zum Wachsen und Gedeihen, kann es Dir nicht die richtige Nahrung geben, die Du für Dich und Dein Wohlbefinden brauchst.«

Geflügel

Im Grunde gilt für Hühner, Puten, Enten oder Gänse dasselbe wie für ihre anderen tierischen Verwandten. Je länger sie auf Weiden herumlaufen durften, je artgerechter sie gefüttert wurden und sofern sie in ihrem natürlichen Tempo heranwachsen durften, desto mehr Geschmack hat später ihr Fleisch (»Prinzip Nahrungskette!«). Desto saftiger, dichter und aromatischer ist es.

Wurst

Auch hier ist echtes Lebensmittelhandwerk gefragt. Der Schlachttag war auf dem Lande immer ein Großereignis. Jetzt wurden Vorräte für die kalte Jahreszeit angelegt. Nach dem Ausnehmen und Zerteilen des Schweins, des

Rinds oder des Lamms wurden die Därme gereinigt und dann mit Wurstmasse gestopft. Die wurden dann frisch gebrüht, gebraten, geräuchert oder getrocknet. Fast jede Region hat ihre eigenen Wurstspezialitäten und -traditionen. Beim Wursten und der Herstellung von Geräuchertem ist bestes Handwerk vonnöten – um das Brät zu binden, um bestimmte Geschmacksnuancen und Gewürznoten zu setzen und einen eigenen Charakter zu verleihen. Ein Metzger arbeitet mit Gewürzen, Luft und Rauch, dem Mikroklima der Region und natürlich Zeit. Einem Schinken im Schwarzwald geben sie einen anderen Geschmack als einem Schwarzgeräucherten aus Südtirol, einer piemontesischen Salami einen anderen Gout als einer aus dem Elsass.

Brot

Wasser, Salz, Natursauerteig, Mehl und Zeit – das sind die traditionellen Zutaten für ein Sauerteigbrot, am besten im Steinofen gebacken. Heute wenden sich, Gott sei Dank, wieder mehr engagierte Bäcker ihrem Handwerk zu, nicht zuletzt deshalb, weil es immer mehr Menschen gibt, die gutes Brot schmecken wollen. Denn wer einmal »handgemachtes« Brot gekostet hat, will nie mehr eines aus Fertigbackmischungen und Industriebacköfen. Zum Glück schmeckt echtes Brot auch noch nach zwei bis drei Tagen frisch.

Wir haben heute vielfältige Möglichkeiten, unsere Lebensmittel aus Handwerksbetrieben zu beziehen. In Hofläden, Erzeugergemeinschaften und auf Wochenmärkten bekommt man frische regionale Lebensmittel. Aber auch in gut sortierten Supermärkten finden sich Produkte von Regionalmarken, die laut Studien eine hohe Wertschätzung bei ihren Kunden genießen. Welche Produkte Sie im Vorrat haben sollten, um jederzeit in Ihrer Küche kreativ werden zu können und woran Sie ihre Güte erkennen, können Sie auf den Seiten 108 bis 111 nachlesen.

Dinkelbaguette

Für 3 Stück

500 g Dinkelmehl (Type 630) /
300 ml eiskaltes Wasser /
¼ Würfel Hefe / 1 ½ TL Meersalz /
1 Prise Zucker

1 Alle Zutaten in einer großen Schüssel gut miteinander verkneten. Eine saubere Schüssel mit Mehl ausstäuben, den Teig einlegen und zudecken. 10–12 Std. zum Gehen kalt stellen.

2 Den Backofen auf 240 °C Ober-/Unterhitze vorheizen. Den Teig auf eine bemehlte Arbeitsfläche stürzen und nicht mehr kneten. Mit einem Messer in 3 gleiche Teile schneiden und jeden Teigstrang vorsichtig 2-mal drehen.

3 Die Brote sofort auf ein mit Backpapier belegtes Blech geben und in den vorgeheizten Ofen (Mitte) schieben. Eine Schale Wasser auf den Ofenboden stellen. Ca. 15 Min. backen. Temperatur auf 220 °C reduzieren und in ca. 15 Min. bis zur gewünschten Bräunung backen.

Tipp

Das Baguette können Sie problemlos einfrieren und bei Bedarf auftauen.

Buttermilchbrot

Für 1 Laib

300 g Roggenmehl / 300 g Weizenmehl (Type 405) / 2 EL Meersalz / 2 EL Backpulver / 2 EL Natron / 500 g Buttermilch

1 Den Backofen auf 180 °C vorheizen. Zuerst Mehl, Salz, Backpulver und Natron in einer Schüssel durchmischen, dann die Buttermilch einrühren. Sobald die Masse nicht mehr klebt, auf einer bemehlten Arbeitsfläche kurz durchkneten und zu einem schönen Laib formen. Mit Mehl bestäuben und die Oberfläche etwas einschneiden.

2 Eine passende Auflaufform mit Backpapier auslegen, den Brotlaib einsetzen und ca. 50–60 Min. backen. Dabei auf den Ofenboden Wasser gießen, damit sich Dampf bildet.

Tipp

Dieses Brot ist schnell gemacht, da es ohne Gehzeit auskommt. Es schmeckt köstlich zum Frühstück, als Basis für Mitnehmsandwiches oder zum Abendbrot.

Praxis:

Olivenöl – Lebensmittel aus dem Süden

Olivenöl ist seit der Antike eines der wichtigsten Lebensmittel aus dem mediterranen Raum und aus der »guten« Küche nicht mehr wegzudenken. Hier dient es als Zutat und Gewürz. In der Naturheilkunde wird es seit alters her als Medizin geschätzt. Was damals Ergebnis reiner Erfahrungswissenschaft war, kann man heute mit modernen Labormethoden belegen.

Wertvolle Inhaltsstoffe

Als besonders wertvoll in gesundheitlicher Hinsicht gilt der Fettsäurenmix der Olive. Insbesondere ihr hoher Gehalt an einfach ungesättigten Fettsäuren ist beachtlich und gilt als wirksamer Schutz vor Herz-Kreislauf-Erkrankungen. Denn Olivenöl ist das einzige Pflanzenöl, das das schädliche LDL-Cholesterin senkt und zugleich das wertvolle HDL-Cholesterin erhöht. Zudem ist Olivenöl reich an Polyphenolen. Das sind bioaktive Pflanzenschutzstoffe (siehe auch Seite 76), die die Zellstrukturen des Körpers schützen und so Alterungsprozesse verlangsamen können. Zudem enthält Olivenöl Vitamin E (Alpha-Tocopherol), das ebenfalls gefäßschützend wirkt.

Aber welches ist das richtige Öl?

Es ist immer noch leider so, dass von 100 Olivenöl-Extra-vergine-Marken nur etwa zehn diese Bezeichnung verdienen. Das hat gravierende Folgen: Zum einen wird dadurch ein Landwirtschaftssektor geschädigt, zum anderen mediterrane Landschaften bedroht, die Qualitätsentwicklung des Olivenöls gebremst und die Verbraucher geneppt.

Die analytischen Grenzwerte für Olivenöl sind gesetzlich streng festgelegt. Nur dienen diese heute einer Vielzahl von Fälschern als Rezeptur für ihre Öle, sodass diese von Lebensmittelprüfern nicht beanstandet werden können. Die großen Olivenölverschneider verfügen über ebenso fortschrittliche Analyselabors wie die Kontrollämter selbst. Man kann davon ausgehen, dass 95 Prozent der Extra-vergine-Öle in Wirklichkeit keine sind.

Geschmack = Qualität

Weil bekannt ist, dass die offiziellen Analysemethoden als Kontrollinstrumente nur unzulänglich sind, führte der Gesetzgeber im Jahr 1991 die sensorische Analyse durch Prüfergruppen (Panels) ein. Denn Analyseapparate lassen sich vielleicht überlisten. Gut trainierte menschliche Sinnesorgane aber nicht! Ein erfahrener Olivenölverkoster ist in der Lage, die einzelnen Fruchtnoten zu unterscheiden.

Das Kratzen im Hals bei einer Verkostung von Olivenöl wird durch gesundheitlich wertvolle Substanzen verursacht. Daher ist diese Schärfe ein Qualitätsmerkmal. Merke: Ein echtes hochwertiges Olivenöl ist nicht nur fruchtig, sondern auch immer bitter und scharf. Ein schlechtes Olivenöl schmeckt ranzig / oxidiert, fermentiert, schlammig, muffig, weinig / essig und metallisch.

Fruchtig: Gesamtheit der, je Olivensorte und Merkmale eines Öls unmittelbar oder retronasal, wahrgenommenen Geruchsempfindungen aus gesunden und frischen grünen oder reifen Früchten.

Bitter: Typischer Geschmack von Öl aus grünen oder grünlichen Oliven.

Scharf: Taktil empfundenes Prickeln, typisch für Öle, die zu Beginn des Wirtschaftsjahres hauptsächlich aus noch grünen Oliven gewonnen werden.

»Bitte hinterfragen Sie jedes Lebensmittel, das Sie kaufen und verwenden. Nutzen und fordern Sie Händler und Produzenten. Nur so fördern Sie unbewusst auf der Händlerseite deren Sachverstand und Identifikation sowie auf Ihrer Seite das Vertrauen. Nehmen Sie sich Zeit! Ihr natürlicher Menschenverstand und Ihr Instinkt reichen in den meisten Fällen völlig aus, um natürliche Lebensmittel und Qualität von ihrem Gegenteil zu unterscheiden.«

Tatsächlich erkennt ein guter Verkoster aber auch auf den ersten Riecher, ob ein Öl fehlerhaft oder eintönig ist. Er erkennt, in welchem Reifegrad die Oliven gelesen wurden und was in der Olivenmühle unter Umständen schief gelaufen ist.

Das Problem: Die meisten Ölmühlen sind von der technischen Ausrüstung und ihrer Organisation her nicht in der Lage, hochwertige Olivenöle zu erzeugen. In diesen »Frantoi« wird in der Regel mehr Wert auf Ölausbeute, nicht aber auf Qualität gelegt.

»Die Qualität der Olivenöle wird erst steigen, wenn die Bauern ihre Oliven behandeln wie Qualitätswinzer ihre Trauben und ein dichtes Netz von kleinen, qualitätsorientiert arbeitenden Ölmühlen die Produktionsgebiete überzieht.«

Leider sind die Möglichkeiten qualitätsorientierter Olivenbauern, das Problem der schlecht arbeitenden Ölmühlen zu umgehen, beschränkt. Die Oliven sollten innerhalb von vier, maximal fünf Stunden nach ihrer Abtrennung vom Baum verwertet werden. Der Produzent ist deshalb nicht nur auf eine nach modernsten Prinzipien arbeitende Ölmühle angewiesen, diese muss auch in kürzester Zeit für ihn erreichbar sein. Andernfalls ist alle Liebesmüh vergeblich und aus seinen hochwertigen Oliven wird nie ein hochwertiges Öl entstehen.

Was Sie wissen sollten

In Nord- und Mittelitalien kostet die Produktion eines Liters Olivenöl (egal, ob hoch- oder minderwertig) zwischen 10 Euro (in flachen Plantagen) und 15 Euro (im Hügelland). Wenn es abgefüllt in den Handel kommt, kann es nicht unter 14 bis 20 Euro angeboten werden. Wer also ein Öl im Discounter kauft und glaubt, er hätte für nur drei Euro eine Delikatesse erstanden, muss sich irren. Echte Lebensmittel kosten eben etwas mehr.

Verwenden Sie Ihr Extra-vergine-Öl in der kalten wie warmen Küche. Die wohltuende Wirkung der gesunden Inhaltsstoffe wird somit erhalten. Zum Braten empfehle ich eher ein Raps- oder Erdnussöl. Bestelladressen für hochwertiges Olivenöl finden Sie auf Seite 196.

Die Auszeichnung eines Olivenöls mit der Bezeichnung »extra vergine« bedeutet, dass die Oliven halb- bis gerade reif gepflückt und unverletzt binnen weniger Stunden in einer Ölmühle unter Vermeidung jeder Oxidation oder Fermentation verarbeitet (gemahlen) und zentrifugiert werden. Oliven sind ebenso verderblich und empfindlich wie Kirschen und müssen äußerst schonend behandelt werden. Ein echtes Olivenöl schmeckt in der Verkostung deutlich fruchtig, leicht scharf und leicht bitter. Bekommt ein Olivenöl die Kategorie »extra nativ« oder »extra vergine« verliehen, so darf kein Fehlgeschmack auftreten.

Vergine Olivenöl entsteht, wenn die Oliven möglicherweise nicht ganz gesund und nicht ganz frisch oder in einer älteren Ölmühle verarbeitet werden. Natives Olivenöl ist für den direkten Verzehr zugelassen.

Extra-Vergine-Öle sind ideal für die kalte wie für die warme Küche.

Und jetzt: Alles selbstgemacht!

Auch Sie können Vorräte aus frischen Zutaten ganz einfach selber machen. Das schont nicht nur den Geldbeutel. Sie wissen auch ganz genau, was in Ihren Vorratsgläsern drinsteckt. Klassische Methoden, um feine Vorräte herzustellen sind die folgenden.

Einkochen: Marmeladen und Konfitüren

Dazu eignen sich Gemüse und Obst, letzteres wird dadurch zu Kompott. Auch Marmeladen, Konfitüren und Säfte können Sie einkochen. Das Einweckgut wird dazu in gut verschlossenen Gläsern bei Temperaturen zwischen 80 und 100 Grad erhitzt. Weil sich Luft und Wasserdampf im Glas ausdehnen, entsteht ein Überdruck. Beim Abkühlen ziehen sich Luft und Wasserdampf wieder zusammen und bilden dabei ein Vakuum, das den Deckel luftdicht mit dem Glas verschließt. Einkochen erfordert etwas Geduld und Genauigkeit.

Einfacher funktioniert das, seit es Twist-off-Gläser gibt. Zwar müssen Sie Gläser und Deckel vor dem Befüllen auch gut reinigen, aber das langwierige Prozedere des Einkochens entfällt. Marmelade, Saft, Konfitüre oder Kompott, saure Gürkchen oder Ketchup werden nach Rezept zubereitet und noch heiß in die Gläser gefüllt. Dann schraubt man die Gläser zu, dreht sie für ein paar Minuten auf den Kopf, wendet sie dann wieder um. Fertig. Ein Zeichen dafür, dass der Inhalt gut konserviert ist, ist der nach innen eingezogene Metalldeckel. Es garantiert eine Haltbarkeit von bis zu einem halben Jahr.

Kompott: Feine Früchtchen im Glas

Ein wunderbarer Begleiter für süße Speisen, aber auch von herzhaften Fleisch- und Wildgerichten sowie Käse ist Kompott. Er wird aus frischen Früchten hergestellt, die bei schwacher Hitze gedünstet und dann kalt oder heiß serviert werden. Kompott können Sie entweder frisch verspeisen oder auch einmachen, sodass Sie auch in den kalten Monaten auf sommerliche Vorräte zurückgreifen können. Dazu wäscht und putzt man das Obst, zerkleinert es in mundgerechte Stücke und dünstet es kurz mit Zucker und Wasser, sodass es bissfest bleibt. Kompott lässt sich nach Belieben aromatisieren und würzen. Sie können es mit Saft oder Hochprozentigem einkochen, mit Zimt, Vanille oder Chili verfeinern.

Für Kompott eignen sich Früchte, die beim Garen Form, Farbe und vor allen Dingen ihr Aroma behalten. Das ist bei eher süßen oder sauren Obstsorten der Fall. Eben-

Tipp

Frische Beeren verschimmeln schnell, vor allem, wenn sie gewaschen sind. Falls Sie frische Erdbeeren, Brombeeren oder Johannisbeeren erst am nächsten Tag essen oder weiterverarbeiten möchten, können Sie sie einzuckern und kalt stellen. Die Zuckerlösung macht sie ein wenig haltbarer.

Aprikosenmarmelade

Für ca. 6 Schraubgläser à 250 g

1 kg Aprikosen (Gewicht ohne Steine) /
500 g Gelierzucker (2 : 1) /
Saft von 1 Zitrone / ½ Vanilleschote

1 Aprikosen waschen, entsteinen, vierteln und abwiegen. Vanilleschote längs halbieren und das Mark mit dem Messerrücken herauskratzen. Früchte, Vanillemark, Gelierzucker und Zitronensaft in einen Topf geben und gut vermischen. 30 Min. durchziehen lassen.

2 Die Gläser mit heißem Wasser spülen und umgedreht auf einem sauberen Küchentuch abtropfen lassen. Die Frucht-Zucker-Mischung erhitzen und (nach Packungsanleitung) ca. 5 Min. unter Rühren kochen.

3 Machen Sie die Gelierprobe: Dazu eine kleine Menge Marmelade auf ein kleines, kaltes Tellerchen aus dem Kühlschrank geben. Wird die Masse fest – am besten mit dem Finger testen – ist die Marmelade fertig.

4 In Gläser füllen, zudrehen und die Gläser einige Minuten auf den Kopf stellen. Das sterilisiert die restliche Luft und den Deckel.

Tipp

Ein Supergeschenk für Freunde, wenn man zum Essen eingeladen ist. Die ausgekratzte Vanilleschote können Sie in ein Schraubglas mit Vollrohzucker stecken und so Ihren eigenen Vanillezucker herstellen.

Quittengelee

Für ca. 8 Schraubgläser à 250 g

4–6 kg Quitten / 1 Sternanis /
1 Stange Zimt / 2 Gewürznelken /
1 Vanilleschote / 2 Pck. (je 500 g)
Gelierzucker (2 : 1) / 1 Pck. Zitronensäure
(ca. 5 g)

1 Mit einem trockenen Küchentuch den Flaum von den Früchten reiben. Quitten waschen und samt Kerngehäuse grob zerteilen.

2 Früchte mit Zimt, Nelken, Vanilleschote und 2 l Wasser in einem großen Topf zum Kochen bringen und zugedeckt ca. 1 Std. köcheln lassen.

3 Zwei Durchschläge übereinander in einen Topf hängen und mit jeweils einem angefeuchteten Passier- oder Küchenhandtuch auslegen. Die gekochten Quitten samt Flüssigkeit darin verteilen und mindestens 12 Std. abtropfen lassen. Am nächsten Tag die Tücher mit den Quitten gut ausdrücken.

4 Saubere Gläser heiß ausspülen und umgedreht auf einem Geschirrtuch abtropfen lassen.

5 Ca. 1,8 l Quittensaft abmessen und mit dem Gelierzucker in einem großen Topf verrühren. Bei starker Hitze zum Kochen bringen und mindestens 4 Min. sprudelnd kochen lassen. Dabei immer wieder umrühren. Machen Sie die Gelierprobe. Sollte das Quittengelee noch zu flüssig sein, noch etwas Gelierzucker oder Speisestärke in das heiße Gelee rühren.

6 Gelee in Gläser füllen und verschließen. Ca. 5 Minuten auf den Deckel stellen, danach wieder umdrehen und das Quittengelee auskühlen lassen.

Tipp

Ein etwas aufwendigeres Rezept, dafür eine Delikatesse, die zum Frühstück aber auch zum Käse oder zu Wildfleisch schmeckt.

Rhabarber-Himbeer-Kompott

Für 1 Auflaufform

½ Vanilleschote / 10 g Speisestärke / 300 g Gelierzucker (3 : 1 oder Vollrohrzucker, siehe Tipp) / 400 ml Weißwein / 1 Zimtstange / 2 Gewürznelken / 1 Sternanis / etwas Orangen- und Zitronenschale / 420 g Rhabarber / 100 g Himbeeren (TK)

1 Vanilleschote längs halbieren und mit dem Messerrücken das Mark herauskratzen. Speisestärke mit wenig kaltem Wasser in einer kleinen Schüssel verrühren. Gelierzucker in einer Stielkasserolle mit Wein, Vanillemark, Gewürzen und Schalen aufkochen. Speisestärke einrühren. Den Ofen auf 80 °C vorheizen.

2 Rhabarber ungeschält in Scheiben schneiden, in eine Auflaufform geben und die Himbeeren darüber verteilen. Den heißen Fond über die Früchte gießen.

3 Die Form 1 Std. in den Ofen geben. Anschließend warm servieren oder abgedeckt kalt stellen.

Tipp

Das Kompott kann man warm oder kalt genießen. Wenn Sie es warm servieren, können Sie auch Vollrohrzucker statt Gelierzucker verwenden. Sehr dicke Rhabarberstangen bitte vorher schälen.

Eingelegter Kürbis

1 Die Schalotte abziehen und fein würfeln. Den Kürbis schälen, entkernen und in etwa 0,5 cm große Stücke schneiden.

2 Butter in einem Topf schmelzen und den Kürbis sowie die Schalottenwürfel darin farblos anschwitzen. Salzen, Thymian und Lorbeer reinlegen und unter Rühren bissfest garen. Den Topf gelegentlich abdecken. Mit Marinade ablöschen und ca. 3–5 Min. bei mittlerer Hitze ziehen lassen. Mit Salz und Pfeffer abschmecken. Gleich servieren oder noch heiß in ein Weckglas füllen und verschließen.

Tipp

Ausgekühlt und verschlossen im Kühlschrank mindestens 2 bis 3 Wochen haltbar.

Kalt, lauwarm oder heiß ein Traum!

Für 2 Portionen

Ca. 400 g Kürbis (z. B. Butternuss) / 1 Schalotte / 1 EL Butter / Meersalz / 1 Zweig Thymian / 1 Lorbeerblatt / 100 ml Spezial-Marinade (siehe Rezept Seite 86) / schwarzer Pfeffer aus der Mühle

falls eignen sich Früchte, die roh nicht genießbar sind, wie zum Beispiel die Quitte. Die Klassiker der Kompottsorten sind Äpfel, Birnen, Kirschen oder Pflaumen. Das fertige Kompott können Sie in Twist-off- oder Einweckgläsern an einem kühlen, dunklen Ort aufbewahren. Es ist mehrere Monate haltbar.

Kompott konservieren

Ganz wichtig beim Einmachen sind gut gereinigte Gläser. Kochen Sie sie vor dem Gebrauch in einem großen Topf in sprudelndem Wasser aus und lassen sie kopfüber auf einem sauberen Küchentuch trocknen.

Mit sauberen Händen arbeiten und die Gläser am besten mit sauberen Kochlöffeln aus dem Wasser heben. Beim Befüllen der Kompottgläser auf saubere Ränder achten und nur bis ein bis zwei Zentimeter unter den Rand befüllen.

Sind Früchte sehr wasserhaltig (zum Beispiel Beeren), kann man sie mit dem Zucker in die Gläser füllen und kochen. Saftärmere, festere Früchte können Sie mit einer vorher angesetzten Wasser-Zucker-Lösung bedecken und dann kochen. Bleibt das Kompott zu flüssig, können Sie ihn zum Beispiel mit Speisestärke, Gelierzucker oder Agar-Agar andicken.

Zum Einkochen können Sie Einmachzucker verwenden, der sich durch seine großen gleichmäßigen Zuckerkristalle langsam auflöst und so weniger Schaum bildet. Außerdem enthält er keine Zusatzstoffe.

Einlegen: Saures Gemüse

Sauer eingelegtes Sommergemüse schmeckt fein als Vorspeise oder zu einer rustikalen Brotzeit. Grundsätzlich können Sie jedes Gemüse sauer einlegen und so konservieren. Im Kühlschrank hält sich sauer eingelegtes Gemüse etwa zwei Wochen. Wenn es noch länger haltbar sein soll, setzt man dem Essigsud zusätzlich Zucker und Salz bei und kocht das Ganze dann am besten ein. Für ein Kilogramm Bohnen, Gurken, Möhren oder Paprika brauchen Sie einen halben Liter fünfprozentigen Essig sowie 250 ml Wasser mit Kräutern und Gewürzen. Für eine süßliche Note geben Sie 80 Gramm Zucker dazu. Daraus rühren Sie einen Sud, in den Sie das geputzte und zerkleinerte Gemüse einlegen und garen. Anschließend füllen Sie es in saubere Einweck- oder Twist-off-Gläser, kochen den Sud noch einmal auf und gießen diesen dann in die Gläser, bis das Gemüse ganz damit bedeckt ist. Die Gläser luftdicht verschließen oder einkochen und vier bis sechs Wochen durchziehen lassen.

Verwenden Sie bei der Zubereitung nur Gefäße oder Geräte aus Edelstahl, das unempfindlich gegen Essigsäure ist.

Einlegen in Öl

Gemüse, Pilze oder Fisch können Sie auch in Öl für eine gewisse Zeit haltbar machen. Dazu bedecken Sie diese vollständig mit Öl. Am besten garen, braten oder dörren Sie die zu konservierenden Lebensmittel vorher.

Richtig einkaufen

Beim Einkaufen sind für mich verschiedene Aspekte entscheidend, die zunächst einmal vordergründig gar nicht so scheinen. Essen und Genießen hat viel mit Leben und Lebendigkeit zu tun. Die Lebensmittel, die wir verzehren, liefert uns eine lebendige und bestenfalls gesunde Natur. Um diese zu erhalten und auch in Zukunft weiter in den Genuss hochwertiger, frischer Lebensmittel zu kommen, setze ich beim Einkauf auf einen gesunden Mix aus regionalen Produkten sowie saisonal geernteten Früchten und Gemüse. Natürlich kaufe ich auch Spezialitäten aus dem Ausland, die Basiszutaten stammen jedoch aus der Gegend, in der ich lebe und arbeite.

Regional und saisonal

Regionale Lebensmittel, egal, ob aus herkömmlich wirtschaftenden oder aus ökologischen Betrieben, werden mittlerweile offensiv beworben. Ein Trend, von dem auch die Bio-Branche profitiert, die seit jeher auf Regionalität und damit zugleich auf saisonale Produktionszyklen setzt. Das ist auch nicht verkehrt, denn Lebensmittel aus der

Warum ich auf regionale Produkte setze

Regionale Lebensmittel haben im Vergleich zu importieren Waren viele Vorteile. Heimisches ist nicht nur besonders frisch und oft von sehr guter Qualität, sondern bietet eine ganze Reihe von Mehrwerten!

Bäuerinnen und Bauern stellen nicht nur gute Lebensmittel her, sie kümmern sich auch um den Erhalt unserer Landschaft, um Böden, Wiesen und Wälder. Wenn ich ein in der Region erzeugtes Lebensmittel kaufe, kann ich auch einen Beitrag zur Erhaltung einer gepflegten Kulturlandschaft beitragen.

Ein heimische Erzeuger ist für mich ansprechbar. Er weiß genau, woher meine Zutaten für die nächste Mahlzeit kommen. Besonders bei Fleisch ist Transparenz gefragt (siehe auch Seite 124). Ein regionaler Erzeuger kann mir Einblick in seine Arbeit verschaffen und liefert – nicht zuletzt auch durch die schnelle Verarbeitung – Fleisch und Wurst von höchster Qualität und Frische. Das überzeugt den Gaumen und die kurzen Transportwege das Gewissen. So kann ich einen aktiven Beitrag zum Tierschutz leisten, dazu beitragen, dass Nutztiere artgerecht gehalten werden und trotzdem weiter Fleisch und Eier genießen.

Für regionale Produkte spricht ihre **Herkunftsgarantie und die Frische:** Wenn ich beim Einkauf auf regionale und saisonale Lebensmittel setze, leiste ich auch aktiv einen Beitrag zum Klimaschutz. Heimische Erzeugnisse haben im Vergleich zu importierten Waren einen deutlich kürzeren Transportweg hinter sich.

Region kommen ohne lange Transportwege, Verschwendung von Energie, zum Beispiel für die Beheizung von Gewächshäusern, reif und frisch geerntet zum Verbraucher. Der sieht sofort, woher die Zutaten für seine nächsten Kochaktionen stammen. Zudem kennt er vielleicht sogar den Produzenten oder er hätte auch die Möglichkeit, sich selbst ein Bild von der Produktion vor Ort zu machen, da diese quasi vor seiner Haustür liegt. Das beruhigt das ökologische Gewissen, unterstützt die lokale Wirtschaft, erhält Arbeitsplätze und hilft, die heimische Kulturlandschaft zu erhalten. Saisonkalender helfen bei der Einkaufsplanung, und man kann in jeder Jahreszeit abwechslungsreich genießen.

Dennoch finden Sie auch bei einheimischen Gemüsesorten unter Umständen Ware aus dem Ausland im Regal. Das liegt daran, dass nicht immer der gesamte Bedarf aus der Heimat gedeckt werden kann. Wenn Sie konsequent Regionales auf dem Tisch wünschen, sollten Sie immer genau hinschauen, woher Ihre Lebensmittel stammen.

Was genau bedeutet regional?

Leider gibt es bisher keine allgemeingültige Definition, was regional eigentlich bedeutet. Die Anbieter regionaler Produkte haben alle ihr individuelles Regelwerk. Region kann so gesehen in einem bestimmten Landkreis bestehen, einem Naturlandschaftsraum wie das Allgäu, die Eifel oder die Küste, ein Bundesland oder auch einfach ganz Deutschland. Um Irreführungen ein Ende zu bereiten, wird der Ruf von Verbraucherschutz und Politik nach einer transparenten Kennzeichnung von regionalen Produkten lauter.

Das Bundesministerium für Ernährung, Landwirtschaft und Verbraucherschutz (BMVEL) ließ deshalb von Experten verschiedene Modelle für eine Regionalkennzeichnung prüfen. Favorit war das Konzept des sogenannten »Regionalfensters«, das in einem Informationsfeld auf der Lebensmittelverpackung gedrückt wird. Verbraucher er-

In gut sortierten Supermärkten findet sich ein großes Angebot an saisonalen Produkten.

fahren, aus welcher klar definierten Region Milch, Möhren oder Käse kommen. Bei zusammengesetzten Produkten wie Fruchtjoghurt oder Wurst werden die einzelnen Zutaten entsprechend ausgezeichnet. Alle Aussagen müssen auch neutral kontrolliert werden. Umgesetzt werden soll die Regelung mit ersten Produkten ab 2013. Bis dahin heißt es für jeden, der Wert auf regionale Ware legt, gut zu prüfen und sich vor Ort – beim Metzger, Bäcker, Gärtner, Händler – bei Bedarf Rat zu holen.

Qualitätsfaktor »saisonal«

Noch vor ein paar Jahrzehnten – unsere Eltern erinnern sich – orientierte man sich beim Einkauf von Obst und Gemüse ganz selbstverständlich am Kalender: Es gab die Erdbeer- und die Spargelzeit, die Kirschen- und Salatzeit, die Himbeeren- und Bohnenzeit, die Pflaumen- und Quittenmonate. Sogar Zitrusfrüchte hatten feste Monate,

»Warum saisonal kaufen? Ganz einfach: Zu ihren natürlichen Erntezeiten im Freiland sind Geschmack und Aroma von Früchten und Gemüse am intensivsten, denn sie bekommen ausreichend Sonne und Luft. Außerdem dürfen sie in der Regel vollständig ausreifen – was bei importierter Ware meist wegen des Transports nicht möglich ist –, enthalten mehr Vitamine und sekundäre Pflanzenstoffe. Optimal ist Freilandware: Zusätzliche Energie für beheizte Treibhäuser, die Lagerung oder Abdeckmaterialien wie Folie oder Vlies fallen weg. Sie tun so aktiv etwas für Ihre Umwelt. Und: Heimisches Obst und Gemüse enthält weniger Pestizidrückstände als Importware. Freilandprodukte sind zudem auch noch nitratärmer als Gemüse und Obst aus dem Gewächshaus, da Nitrat durch die Sonneneinstrahlung abgebaut wird. Und: Sie bekommen insgesamt qualitativ hochwertige Produkte für einen geringeren Preis.«

in denen sie zu haben waren. Heute ist ganzjährig Erntezeit, dank Unterglasanbau, Transportmitteln, die enorme Strecken in kurzer Zeit überwinden, und einer ausgefeilten Lagertechnik. Trotz alledem ändert sich durch all diese »Errungenschaften« nichts am Lauf der Natur und dass beinahe jede Obst- und Gemüsesorte in bestimmten Monaten Saison hat, sprich: reichlich verfügbar ist. Die »Saison« wird dabei synonym zur klassischen Erntezeit im regionalen Freilandanbau verwendet. Das gilt übrigens auch für die meisten Exoten. Auch Zitronen, Orangen, Melonen, Ananas oder Feigen haben in ihren Herkunftsländern feste Erntezeiten wie Äpfel und Pflaumen bei uns.

Saisonal einkaufen heißt in den meisten Fällen auch regional einkaufen. Denn wenn die Haupterntezeit für Erdbeeren, Kirschen und Kürbis ansteht, stammt ein Großteil des Angebotes meist aus der Region, also aus einem Umkreis von höchstens 100 Kilometern zum Einkaufsort. Wer grenznah wohnt, kann dann auch guten Gewissens zur Ware von den Nachbarn greifen.

Im Winter ist das Angebot in unseren Breiten naturgemäß begrenzt. Da gilt es dann abzuwägen und mithilfe der Warenkunde und des Saisonkalenders kreativ zu improvisieren.

Letzte Frage: Bio oder nicht Bio?

Manche Menschen wollen sich noch gesünder ernähren, in Sachen Lebensmitteln und Produkten des Alltags auf Nummer Sicher gehen, anderen geht es um den Tier- und Umweltschutz. Die Erwartungen an die ökologische Landwirtschaft sind verschieden. Aber: Hält Bio, was es verspricht?

Forscher der US-amerikanischen Universität stellten 2012 die bisher umfangreichste Analyse zu diesem Thema vor *(Quelle: Annals of Internal Medicine, Bd. 157, S. 349, 2012)* und kamen zu dem Ergebnis, dass es zwischen biologisch und konventionell erzeugten Lebensmitteln kaum Unterschiede in Sachen Gesundheitswert und Geschmacklichkeit gäbe. Was den Vitamingehalt von Gemüse und Obst anbelangt, gibt es kaum Unterschiede. Allerdings finden sich auf Bio-Produkten weniger Pestizidrückstände als auf konventionell erzeugten Lebensmitteln. Doch auch diese sind nicht zu 100 Prozent unbelastet. Aber: Lässt man die rein gesundheitlichen Aspekte außer Acht, gibt es sicher noch einige Gründe, die von Fall zu Fall für Bio sprechen. Wer mit seinem Lebensmitteleinkauf einen aktiven Beitrag zum Umwelt- und zum Tierschutz leisten will, ist mit Bio-Produkten sicher gut beraten. Doch auch hier gilt: Augen auf beim Einkaufen, denn Bio ist nicht gleich Bio. Das gilt für manche Bio-Waren aus Discountern, die unter fragwürdigen Umweltbedingungen im Ausland produziert werden. Oder auch für tierische Produkte, die das Bio-Siegel der EU tragen. Dieses lässt beispielsweise eine Tierhaltung zu, die mit artgerecht nicht einmal ansatzweise etwas zu tun hat. Wer beim Lebensmitteleinkauf also größtmögliche Transparenz wünscht, ist mit Produkten besser beraten, die aus seiner Region stammen oder sollte bei Bio-Waren auf Produkte mit der Auszeichnung von deutschen Bio-Verbänden oder Demeter setzen, die wesentlich strengere Auflagen haben als das EU-Bio-Siegel. Für diese Produkte zahlt man dann auch mehr, denn billig und Bio passt einfach nicht.

Allerletzte Frage: Convenience-Food – praktisch oder unnötig?

Dass ich keine industriellen Fertigprodukte in meiner Küche verarbeite, ist selbsterklärend. Natürlich habe ich Verständnis dafür, dass Kochen manchmal auch schnell und einfach gehen soll. Schmecken soll es dann natürlich auch noch. All diese Anforderungen werden von sogenanntem Convenience-Food – Fertigmahlzeiten – gewissermaßen erfüllt.

Die Nahrungsmittelindustrie verwendet viel Mühe darauf, diese Produkte meist mittels Zusatzstoffen so zu präparieren, dass die Gerichte zum einen eine gewisse Haltbarkeit gewährleisten und nicht verderben, zum anderen, dass eine Gewöhnung stattfindet und sich mancher Verbraucher anschließend nicht mehr mit einer frischen, selbst zubereiteten Pizza zufrieden gibt, sondern nur noch mit der, die auch wirklich immer gleich schmeckt.

Letztlich muss jeder selbst entscheiden, zu welchen Produkten er sich hingezogen fühlt. Für mich überwiegen die Nachteile dieser Mahlzeiten: Das Erlebnis des Zubereitens fehlt wie das genaue Wissen um die Zutaten auf dem Teller. Ein wichtiger Teil unserer Kultur – die Esskultur – geht so einfach den Bach hinunter. Der Anteil an unerwünschten Zusatzstoffen ist so hoch wie die Listen auf den Packungen lang sind (Merke: Frische Produkte beinhalten keine unerwünschten Zusatzstoffe!). Vitamine und Mineralstoffe sind teilweise künstlich zugesetzt, da sie bei der Produktion verloren gehen. Nicht zuletzt steckt in Fertigmahlzeiten oft jede Menge Fett und Zucker und/oder Salz und ihr Gehalt an Gemüse und Obst ist im Vergleich zu den enthaltenen Kohlenhydraten eher gering, was sie zu regelrechten Dickmachern (nicht Sattmachern) macht. Fertiggerichte enthalten außerdem oft zu viel Salz und können der Gesundheit schaden, wie eine Stichprobe der Verbraucherzentrale Nordrhein-Westfalen ergab. Nicht selten steckt in einem Tellergericht bereits die empfohlene Tagesmenge an Salz. Das erhöht das Risiko gefährlicher Herz-Kreislauf-Erkrankungen. Noch zwei weitere Minuspunkte: Convenience-Produkte verursachen jede Menge Verpackungsmüll und sie verleiten zu einer einseitigen, geschmacksmonotonen Ernährungsweise. Zum guten Schluss: In den meisten Fällen sind die »praktischen« Fertiggerichte auch noch teurer als frische Produkte. Wie lautete die eingangs gestellte Frage noch einmal …?

»Auch bei Fertigprodukten gibt es Riesenunterschiede. Wenn es deshalb schnell gehen soll, setzen Sie hier lieber auch auf Qualität und verwenden Produkte von Köchen oder darauf spezialisierten Feinkostläden.«

Praxis: Die besten Einkaufstipps

Nehmen Sie sich ein paar Minuten Zeit und machen Sie sich einen Essensplan für die Woche oder zumindest die nächsten drei Tage. Was essen Sie gerne? Stöbern Sie in Kochbüchern oder im Internet. Werfen Sie dann einen Blick auf Ihre Vorräte. Was ist frisch und muss aufgebraucht werden? Und: Welche Gemüse und Früchte haben gerade Saison. Und dann: Einkaufszettel schreiben!

Ein Großeinkauf ist insbesondere für Familien eine praktische Angelegenheit, sollte aber nur die Produkte betreffen, die in den Vorrat gehören und länger haltbar sind. Für frische Zutaten lieber öfter einen Kurzeinkauf unternehmen.

Gehen Sie nicht hungrig zum Einkaufen! Dabei landet manches Unterwünschte und Unnötige im Korb.

Sie sollten beim Einkaufen die Produkte sehen können. Bunte Verpackungen sind dabei hinderlich. Und wenn es denn Verpacktes sein muss, dann bitte die Etiketten lesen und überlegen, ob Sie das, was sich in der Packung verbirgt, wirklich essen wollen.

Saisonal geerntetes Gemüse und Obst hat die beste Ökobilanz, den höchsten Nährstoffgehalt und den besten Geschmack. Viele wertvolle Pflanzenstoffe verlieren ihre gesundheitsfördernde Wirkung aber, wenn sie zu lange im Licht liegen. Verzehren Sie deshalb frisches Obst und Gemüse so rasch wie möglich.

Kaufen Sie am besten nur voll ausgereiftes Obst und Gemüse. Manche Arten können nach der Ernte zwar noch nachreifen, andere aber nicht. Nachreifend: Äpfel, Aprikosen, Avocados, Bananen, Birnen, Kiwis, Nektarinen, Pfirsiche, Pflaumen, Tomaten, Wassermelonen. Nicht nachreifend: Ananas, Brombeeren, Erdbeeren, Gurken, Himbeeren, Kirschen, Mandarinen, Orangen, Trauben, Zitronen.

Und: Kaufen Sie bei Obst und Gemüse nicht immer das Gleiche, sondern das, was Ihnen qualitativ am besten erscheint: Berücksichtigen Sie Konsistenz, Farbe, Geruch, Herkunft – und natürlich Ihren Appetit. Probieren Sie doch statt der typischen Lieblingsgemüse des Deutschen (Tomaten und Gurken) einmal Radieschen und frischen Blattspinat.

Bei Zitrusfrüchten sind Bio-Produkte empfehlenswert, da ihre Schale unbehandelt ist. Die Früchte vor der Verwendung gründlich abspülen. Der Hinweis »nach der Ernte unbehandelt« trügt häufig, da die Spritzmittel meist direkt vor dem Pflücken eingesetzt werden.

Mariniertes Fleisch ist nicht empfehlenswert, da man nicht mehr am Geruch erkennt, ob es frisch ist. Manchmal sind auch die Datumsangaben unkorrekt, da lediglich der Zeitpunkt der Wiederverpackung aufgedruckt wird.

Fische und Meeresfrüchte verderben besonders schnell. Im Zweifel sollte die Wahl auf gefrorene Produkte fallen, da diese fast immer kurz nach dem Fang gefrostet werden.

Fisch sollte aus nachhaltigem Fischfang stammen. Hilfreich beim Einkauf ist das ASC-Siegel (Aquaculture Stewardship Council) oder MSC (Marine Stewardship Council), das für hohe Umwelt- und Sozialstandards bei der Fischzucht steht. Bei Ökofisch gelten noch strengere Anforderungen an Platz, Futter und Umweltbedingungen. Fisch aus heimischer ökologischer Teichwirtschaft oder aus Ökoaquakulturen scheint für viele Fischarten eine nachhaltige Lösung zu sein.

Eierkartons dürfen Sie öffnen, damit Sie sehen können, ob ein Ei zerbrochen ist. Kaufen Sie außerdem nur Eier, die einen gut sichtbaren Stempelcode tragen (0 steht für Bio, 1 für Freiland, 2 für Bodenhaltung, 3 für Kleingruppenhaltung). Ob weiß oder braun ist egal, die Farbe der Eier ist immer genetisch bedingt. Bevorzugen Sie den Hühnern und dem guten Geschmack zuliebe Eier aus ökologischer Erzeugung oder Freilandhaltung! Achten Sie außerdem auf das Mindesthaltbarkeitsdatum.

Fleisch und Geflügel sollten aus artgerechter Tierhaltung stammen. Am besten kaufen Sie es bei einem Metzger Ihres Vertrauens.

Industriebrot und -gebäcke stecken voller Zusatzstoffe, künstlicher Backtriebmittel und Aromen. Holen Sie Ihr Brot deshalb lieber vom Bäcker um die Ecke oder backen Sie selbst (siehe Seiten 126 und 127).

Viele **Fertigprodukte** werden oft aus minderwertigen Zutaten zusammengestellt. Aus diesem Grund empfiehlt es sich, zum Beispiel für ein Cordon bleu den Schinken und den Käse gesondert zu kaufen und das Schnitzel eigenhändig zu füllen.

Für die Umwelt können Sie etwas beim Einkaufen tun, indem Sie möglichst viele Produkte unverpackt kaufen, lose Ware in selbst mitgebrachte Gefäße oder Beutel verpacken lassen und immer eine Einkaufstasche oder einen Korb dabei haben.

Frisch schmecken Kräuter einfach am besten und entfalten ihr volles Aroma.

Saisonkalender für Obst, Salat und Gemüse

Obst	Januar	Februar	März	April	Mai	Juni	Juli	August	September	Oktober	November	Dezember
Apfel	◉	◉	◉	◉	◉	○	○	●	●	●	●	◉
Aprikose	○	○	○	○	○	○	●	●	○	○	○	○
Birne	○	○	○	○	○	○	○	●	●	●	◉	◉
Blaubeeren	○	○	○	○	○	●	●	●	●	○	○	○
Brombeeren	○	○	○	○	○	○	●	●	●	○	○	○
Erdbeeren	○	○	○	○	○	●	●	○	○	○	○	○
Himbeeren	○	○	○	○	○	●	●	●	○	○	○	○
Holunderbeeren	○	○	○	○	○	○	○	○	●	●	○	○
Johannisbeeren	○	○	○	○	○	●	●	●	○	○	○	○
Kirschen	○	○	○	○	○	●	●	●	○	○	○	○
Mirabellen	○	○	○	○	○	○	○	●	●	○	○	○
Pflaumen	○	○	○	○	○	○	●	●	●	○	○	○
Quitten	○	○	○	○	○	○	○	○	●	●	●	○
Rhabarber	○	○	○	●	●	●	○	○	○	○	○	○
Stachelbeeren	○	○	○	○	○	●	●	●	○	○	○	○
Wassermelonen	○	○	○	○	○	○	○	●	●	○	○	○
Weintrauben	○	○	○	○	○	○	○	○	●	●	○	○
Zwetschgen	○	○	○	○	○	○	●	●	●	●	○	○

Salat	Januar	Februar	März	April	Mai	Juni	Juli	August	September	Oktober	November	Dezember
Batavia	○	○	○	○	●	●	●	●	●	○	○	○
Chicorée	●	●	●	●	○	○	○	○	○	●	●	●
Eichblattsalat	○	○	○	○	●	●	●	●	●	●	○	○
Eisbergsalat	○	○	○	○	○	●	●	●	●	●	○	○
Endiviensalat	○	○	○	○	●	●	●	●	●	●	●	●
Feldsalat	●	●	●	●	○	○	○	○	○	●	●	●
Kopfsalat	○	○	○	○	●	●	●	●	●	●	○	○
Lollo	○	○	○	○	●	●	●	●	●	●	○	○
Portulak	●	●	●	●	○	○	●	●	●	●	●	●
Radicchio	◉	◉	○	○	○	○	○	●	●	●	●	◉
Rucola	○	○	○	○	●	●	●	●	●	●	○	○

Gemüse	Januar	Februar	März	April	Mai	Juni	Juli	August	September	Oktober	November	Dezember
Aubergine	○	○	○	○	○	○	●	●	●	●	○	○
Blumenkohl	○	○	○	○	●	●	●	●	●	●	○	○
Bohnen, grüne	○	○	○	○	○	○	●	●	●	●	○	○
Bohnen, dicke	○	○	○	○	○	●	●	●	○	○	○	○
Brokkoli	○	○	○	○	○	●	●	●	●	●	○	○
Butterrüben	◎	◎	◎	◎	○	○	○	●	●	●	●	●
Champignons	●	●	●	●	●	●	●	●	●	●	●	●
Erbsen	○	○	○	○	○	●	●	●	○	○	○	○
Fenchel	○	○	○	○	○	●	●	●	●	●	●	○
Frühlingszwiebeln	○	○	○	○	●	●	●	●	●	●	○	○
Grünkohl	●	●	○	○	○	○	○	○	○	○	●	●
Gurke	○	○	○	○	○	●	●	●	●	●	○	○
Kartoffeln	◎	◎	◎	◎	◎	●	●	●	●	●	◎	◎
Kohlrabi	○	○	○	○	●	●	●	●	●	●	○	○
Kürbis	◎	◎	○	○	○	○	○	●	●	●	●	◎
Lauch	●	●	●	●	○	○	●	●	●	●	●	●
Mais	○	○	○	○	○	○	○	●	●	●	○	○
Mangold	○	○	○	○	●	●	●	●	●	●	○	○
Möhren	◎	◎	◎	◎	◎	●	●	●	●	●	◎	◎
Paprika	○	○	○	○	○	○	●	●	●	●	○	○
Pastinaken	●	●	●	◎	○	○	○	○	●	●	●	●
Radieschen	○	○	○	○	●	●	●	●	●	●	○	○
Rosenkohl	●	●	●	○	○	○	○	○	○	●	●	●
Rote Bete	◎	◎	◎	◎	○	○	●	●	●	●	●	◎
Rotkohl	◎	◎	◎	◎	◎	●	●	●	●	●	●	◎
Schwarzwurzeln	●	●	○	○	○	○	○	○	○	●	●	●
Spargel	○	○	○	●	●	●	○	○	○	○	○	○
Spinat	○	○	●	●	●	○	○	○	●	●	●	○
Spitzkohl	○	○	○	○	●	●	○	○	○	○	○	○
Staudensellerie	○	○	○	○	○	○	●	●	●	●	○	○
Steckrüben	◎	◎	◎	○	○	○	○	○	●	●	●	●
Tomaten	○	○	○	○	○	○	●	●	●	●	○	○
Topinambur	●	●	●	○	○	○	○	○	○	●	●	●
Weißkohl	◎	◎	◎	◎	○	●	●	●	●	●	●	◎
Wirsingkohl	●	●	◎	○	●	●	●	●	●	●	●	●
Zucchini	○	○	○	○	○	●	●	●	●	●	○	○
Zuckerschoten	○	○	○	○	○	●	●	●	○	○	○	○
Zwiebeln	◎	◎	◎	◎	◎	◎	●	●	●	●	◎	◎

● Frisch aus heimischem Anbau verfügbar. ◎ Als Lagerware aus heimischem Anbau verfügbar. ○ Nicht regional-saisonal verfügbar.

Die wunderbare Welt der Lebens-mittel

»Die besten Zutaten sind gerade gut genug, schließlich hält Ihr Essen Leib und Seele zusammen. Wenn Sie Ihre Nahrung bewusst auswählen, dass die Qualität wirklich stimmt, dann macht Essen Spaß und hinterlässt ein tiefes Gefühl des Wohlbefindens.«

Obst

Frische Früchte sind ausgezeichnete Vitamin- und Mineralstoffspender und bereichern durch eine Fülle von Aromen, Farben und Texturen Süßspeisen, Gebäcke, Marmeladen, Fruchtaufstriche, Kompotte oder Säfte. Zusammen mit Gemüse und Getreide ist Obst ein wichtiger Bestandteil im Rahmen einer ausgewogenen Ernährung. Frisch oder roh verzehrt sind sie besonders reich am Immunbooster Vitamin C, das auch die Aufnahme des wichtigen Minerals Eisen aus der Nahrung verbessert.

Hier zeige ich Ihnen die beliebtesten heimischen Früchte, ihre Inhaltsstoffe, ihr kulinarisches Potenzial und wie Sie sie am besten lagern können.

Apfel

Geschichte: Die erste Apfelbäume gelangten aus Asien, zurzeit der Antike, nach Europa. Im Mittelalter etablierte sich der Apfelbaum dann in den Gärten Mitteleuropas.

Äpfel sind rund bis oval geformt und haben meist eine grün-rötliche Farbe. Die Farbgebung variiert je nach Reifungsstadium und Reifungsgrad.

Inhaltsstoffe: Äpfel bestehen zu 85 Prozent aus Wasser und enthalten fast kein Eiweiß oder Fett. In der Schale steckt jedoch viel Zellulose und Pektin. Beides sind Ballaststoffe, die förderlich für die Verdauung sind. Zudem kann Pektin den Cholesterinspiegel senken. Direkt unter der Schale befinden sich die meisten Vitamine (Vitamin C, Provitamin A, Vitamin B_1, B_2, B_6 und E sowie Niacin und Folsäure, Eisen, Bor, Silizium, Mangan, Flor, Kalium (reguliert den Wasserhaushalt), Kalzium und Magnesium.

Einkauf und Lagerung: Die heimische Saison variiert je nach Sorte. Sie beginnt im August und reicht bis in den November.

Die Äpfel sollten duften, der Blütenansatz nach innen eingesunken sein und die Haut sollte nicht schrumpelig sein (Ausnahme: Fallobst, aus dem man Saft oder Kompott machen kann). Äpfel ohne Stiel sind wahrscheinlich zu früh geerntet worden, daher auf diese eher verzichten. Zur Lagerung von Äpfeln empfiehlt sich ein dunkler, kühler, gut belüfteter Keller. Lagerfähig sind alle heilen Äpfel mit Stielen, die nicht überreif sind. Zur richtigen Lagerung legt man die Äpfel in Obst- oder Holzkisten und schichtet höchstens zwei Lagen übereinander. Lageräpfel sollten Sie immer wieder einmal kontrollieren und faule Exemplare aussortieren. Äpfel können bis zu einem halben Jahr aufbewahrt werden.

In der Küche: Aus dem Vielseiter lässt sich einiges machen: Apfelsaft, Apfelmus (Apfelkompott) und Apfelkuchen. Äpfel schmecken auch in Suppen, Salaten, Marmeladen und Hauptspeisen.

Aprikose

Geschichte: Die Aprikose kommt ursprünglich aus China. Von dort aus gelangte sie zum Kaspischen Meer und von dort nach Mitteleuropa. In Deutschland wird die Aprikose vor allem in Rheinhessen angebaut. Die Aprikose ist im reifen Zustand gelb bis orange gefärbt und weist auf ihrer der Sonne zugewandten Seite häufig auch eine leicht rote Färbung auf. Die Schale der Aprikose ist glatt und fast haarlos.

Inhaltsstoffe: Die Aprikose enthält Apfel- und Zitronensäure und ist reich an Karotin und an Provitamin A. Schon 200 Gramm reichen aus, um den Tagesbedarf an Vitamin A zu decken. Getrocknete Aprikosen sind reich an Folsäure, Niacin, Vitamin B_5 und C.

Einkauf und Lagerung: Aus Freilandanbau sind deutsche Aprikosen etwa zwischen Mitte Juli bis Ende August erhältlich. Im sonnenverwöhnten Mittelmeerraum ist eine Ernte teilweise schon ab Ende Mai möglich. Die Hauptsaison endet hier auch erst im September. Die Aprikose sollte im Kühlschrank gelagert werden und hält sich etwa eine Woche.

In der Küche: In erster Linie verzehrt man die Aprikose frisch. Aber auch als Kompott, Konfitüre und Trockenobst kommt sie zum Einsatz. Aus ihr wird der sehr beliebte Marillen- oder Aprikosenlikör hergestellt. In einigen Ländern wird der im Stein befindliche Kern der Frucht zu »Persipan«, einer marzipanähnlichen Masse, weiterverarbeitet.

Birne

Geschichte: Die Birnenpflanze gehört zu den Kernobstgewächsen. Es gibt von ihr mehrere Tausend Sorten. Man ordnet sie der Familie der Rosengewächse zu. Verbreitet ist sie in Nordafrika, West- und Ostasien und in Teilen Europas. Mit ihrem saftigen Fruchtfleisch voller Süße gehört die Birne mit ihrer markanten Form zu den delikatesten Obstsorten und ist dabei gut bekömmlich. Weltweit gibt es über 2 000 Sorten.

Inhaltsstoffe: Dank ihres geringen Säuregehalts ist die Birne gut bekömmlich. Ein hoher Gehalt an B-Vitaminen, Folsäure, Kalium und sekundären Pflanzenstoffen in der Birne sorgen für einen vitalen Stoffwechsel. Die meisten wertvollen Inhaltsstoffe der Birne befinden sich direkt unter der Schale.

Einkauf und Lagerung: Von August bis Januar hat die Birne Saison. Ist sie optimal ausgereift, duftet sie angenehm und gibt bei leichtem Druck auf das Stielende nach. Eine unreife Birne reift bei Zimmertemperatur in zwei bis drei Tagen nach. Die Birne ist druckempfindlich und fault schnell. Kaufen Sie deshalb sehr reife Früchte nur zum Sofortverzehr. Im Gemüsefach des Kühlschranks können Sie die Birne fünf bis sechs Tage aufbewahren.

In der Küche: Je nach Sorte schmeckt die Birne süß bis säuerlich oder sogar muskatartig. Die Birne eignet sich hervorragend zum Rohverzehr, aber auch zum Einmachen und Backen. In herzhaften Gerichten harmoniert die Birne mit Schweinefleisch, Geflügel oder Wild sowie mit Käse. Aus der Birne »Williams Christ« wird der bekannte Obstbrand hergestellt.

Brombeere

Geschichte: Die Brombeere ist mit der Himbeere verwandt und wächst wild bereits seit Tausenden Jahren auf der nördlichen Erdhalbkugel. Bei uns wird die Brombeere seit etwa 150 Jahren kultiviert. Die große, runde Brombeere schmeckt süß bis säuerlich.

Inhaltsstoffe: Die Brombeere enthält reichlich Vitamine, Mineralstoffe wie Eisen, Kalzium und Magnesium sowie sekundäre Pflanzenstoffe. Der blaue Farbstoff der Brombeere (Anthocyane) gehört zu den gesunden bioaktiven Pflanzenstoffen (siehe Seite 76).

Einkauf und Lagerung: Brombeeren sind in den Monaten Juli bis September erhältlich. Man unterscheidet zwischen der aromatischeren Waldbrombeere und der größeren Kulturbrombeere. Achten Sie beim Einkauf auf pralle Früchte in trockenen Schälchen. Voll ausgereift besitzt die Brombeere am meisten Aroma. Brombeeren sind sehr empfindlich. Im Kühlschrank halten sie sich zwei Tage frisch. Ausgereift entfalten sie ihr bestes Aroma. Die Beeren saugen sich schnell mit Wasser voll. Früchte deshalb nur kurz mit Wasser abbrausen.

In der Küche: Als Gelee, Fruchtsaft oder Gebäck kommt das Aroma der Brombeere besonders gut zur Geltung.

Erdbeere

Geschichte: Der botanische Name der Erdbeere »fragaria« leitet sich vom lateinischen Verb »fragare« ab, das »duften« bedeutet. Die Stammpflanze unserer heutigen Gartenerdbeere wurde um 1750 in Amsterdam entdeckt. Heute gibt es über 1 000 Sorten. Botanisch gesehen ist die Erdbeere gar keine Beere, sondern eine Sammelnussfrucht.

Auf dem roten Blütenboden befinden sich die eigentlichen Früchte der Erdbeere: die Nüsschen.

Inhaltsstoffe: Die Erdbeere enthält viele Vitalstoffe bei nur wenig Kalorien, allen voran Eisen, Kalium und Vitamin C.

Einkauf und Lagerung: Die ersten heimischen Erdbeeren gibt es ab Mitte Mai. Bis Ende Juli hat die Erdbeere dann Saison. Achten Sie beim Einkauf auf reife, rote Früchte ohne Druckstellen. Nur sie entfalten ihr ganzes Aroma. Prüfen Sie bei Körbchen auch die unten liegenden Früchte. Eine kleine Erdbeere hat meist mehr Geschmack als eine große. Am intensivsten schmeckt die Walderdbeere, deren Saison im Juli beginnt.

Erdbeeren sind leicht verderblich. Frische Stiele und Kelchblätter und noch nicht eingedrückte Früchte sind Zeichen von guter Qualität. Im Kühlschrank halten sie sich zwei Tage (schlechte vorher aussortieren). Die Beeren spült man nur kurz unter Wasser ab und entfernt dann erst das Grün.

In der Küche: Pur schmeckt die Erdbeere unwiderstehlich. Sie ist auch perfekt für Desserts, Eis und Marmeladen und Gebäcke.

Himbeere

Geschichte: Himbeeren stammen von der Europäischen Himbeere ab, in die auch die Amerikanische Himbeere eingekreuzt wurde.

Inhaltsstoffe: Salizylsäure in Himbeeren kann Schmerzen dämpfen und Fieber senken, Kalzium ist ein wichtiger Baustein für Knochen und Zähne. Folsäure in Himbeeren ist unerlässlich für die Blutbildung.

Einkauf und Lagerung: Himbeeren bekommen Sie von Juni bis August. Man unterscheidet zwischen den kleineren, aber aromatischeren Waldhimbeeren und Kulturhimbeeren. Im Kühlschrank halten sich die Beeren etwa zwei Tage. Sie werden bei der Zubereitung möglichst nicht gewaschen, da sie sich mit Wasser vollsaugen. Stattdessen schüttelt man sie leicht oder braust sie kurz mit Wasser ab.

Himbeeren sind sehr empfindlich und halten sich nicht lange. Am besten verzehren oder verarbeiten Sie Himbeeren noch am Tag des Einkaufs/der Ernte.

In der Küche: Himbeeren entfalten ihr Aroma am besten, wenn man sie mit milden Säuren (Sauermilchprodukte) mischt. Sie schmecken pur, passen hervorragend zu Eis, Milchreis und Pudding und sind als Marmelade und Kuchenbelag beliebt.

Heidelbeere

Geschichte: Heidelbeeren heißen auch Blau- oder Bickbeeren und kommen in Europa, Asien und Nordamerika vor.

Inhaltsstoffe: Ihre blaue Farbe verdanken Heidelbeeren den sogenannten Anthocyanen, bioaktiven Pflanzenstoffe. Die darin enthaltenen Gerbsäuren wirken verdauungsregulierend.

Einkauf und Lagerung: Heidelbeeren werden vor allem zwischen Juni und September angeboten. Man unterscheidet zwischen Waldheidelbeeren und den größeren Kulturheidelbeeren. Die Früchte sind sehr druckempfindlich, nicht lange haltbar und büßen schnell an Aroma ein. Im Kühlschrank sollte man sie flach ausbreiten nicht länger als zwei Tage liegen lassen. Heidelbeeren verliest man am besten im stehenden Wasser. Brausen Sie Heidelbeeren nur kurz ab und tupfen Sie die empfindlichen Beeren mit etwas Küchenpapier trocken.

In der Küche: Sie schmecken pur, in Kompott und Gebäck.

Johannisbeere

Geschichte: Die Johannisbeere ist mit der Stachelbeere verwandt und eine der ältesten einheimischen Beerenpflanzen. Es gibt sie in rot, weiß und schwarz.

Inhaltsstoffe: Die Johannisbeere enthält reichlich Vitamin C – am meisten steckt in der schwarzen Johannisbeere. Außerdem ist sie reich an Mineralstoffen und sekundären Pflanzenstoffen.

Einkauf und Lagerung: Von Juni bis August hat die Johannisbeere Saison. Die rote Johannisbeere ist etwas früher reif als die schwarze Johannisbeere. Beim Einkauf sollte die Johannisbeere fest, unverletzt und von einheitlicher Farbe sein. Im Kühlschrank halten sich die Beeren flach ausgebreitet ein bis zwei Tage. Man streift sie mit einer Gabel von der Rispe und wäscht sie im stehenden Wasser.

In der Küche: Pur schmecken die Johannisbeeren wunderbar. Man kann sie aber auch zu Grütze, Marmelade, Saft verarbeiten oder Kuchen damit belegen. Außerdem passt die rote Johannisbeere hervorragend zu Wild- und Geflügelgerichten.

Kirsche

Geschichte: Die aus dem westasiatischen Raum stammende Kirsche gehört zum Steinobst und wird in gemäßigten Klimazonen weltweit kultiviert. Man unterscheidet die hellrote Süßkirsche von der dunkleren, herben Sauerkirsche. Heute gibt es verschiedene Kreuzungen.

Inhaltsstoffe: Die Sommerfrüchte sind reich an Antioxidantien (entzündungshemmende sekundäre Pflanzenstoffe), Vitaminen und Mineralstoffen, vor allem Kalzium und Phosphor.

Einkauf und Lagerung: Ab Juni haben Süßkirschen Saison, etwas später auch Sauerkirschen. Die Erntezeit ist schon Ende August vorbei. Eine frische Kirsche ist stets fest, prall und glänzend. Der Stiel der Kirsche sollte grün und biegsam sein. Geben Sie Kirschen zum Aufbewahren ungewaschen und mit Stiel in eine offene Papiertüte. So halten sich die Früchte im Gemüsefach des Kühlschranks einige Tage.

In der Küche: Kirschen schmecken in Kuchen und Gebäck, aber auch eingekocht zu Marmelade oder Kompott sowie als Saft.

Pflaume

Geschichte: Die saftig-süße Steinfrucht gelangte vor mehr als 2000 Jahren von Syrien über Griechenland nach Europa. Von dem Steinobst gibt es mehr als 2 000 Sorten, darunter auch die Mirabelle und die Zwetschge.

Inhaltsstoffe: Ballaststoffe und das zuckerähnliche Sorbit wirken verdauungsanregend. Die blauvioletten Pflanzenfarbstoffe der Pflaume (Anthocyane) sind gesunde Antioxidantien, die zellschützend wirken können. Außerdem stecken in der Pflaume lebenswichtige und nervenstärkende B-Vitamine.

Einkauf und Lagerung: Die Früchte haben Saison von Juli bis in den Oktober hinein, denn die Pflaume braucht viel Sonne, um saftig und aromatisch heranzureifen. Achten Sie beim Einkauf darauf, dass die Früchte weich sind und fein duften. Ein Zeichen für Frische ist der weißliche Film auf der Schale. Zum Aufbewahren wickeln Sie die Pflaume in ein feuchtes Tuch und legen Sie ins Gemüsefach im Kühlschrank. So halten sie sich etwa zwei bis drei Tage.

In der Küche: Waschen Sie die Früchte erst kurz vor dem Verzehr. Bei zu viel Feuchtigkeit kann die Haut der Pflaumen platzen. Die Früchte schmecken verarbeitet zu Mus und in bzw. auf Gebäck.

Preiselbeere

Geschichte: Auch Krons- oder Riffelbeeren werden sie genannt. Sie stammen aus Nordeuropa und gedeihen auf der gesamten Nordhalbkugel.

Inhaltsstoffe: Die Früchte enthalten viel immunschützendes Vitamin C, B_1, B_2, B_3 sowie Beta-Karotin.

Einkauf und Lagerung: Von Ende August bis Anfang September reifen aus den glockenförmigen Preiselbeerblüten die weißen und später leuchtendroten Preiselbeeren. Frisch sind Preiselbeeren gekühlt etwa eine Woche haltbar.

In der Küche: Die herbsauren und leicht bitter schmecken Beeren eignen sich weniger zum Rohverzehr. Als Kompott, Marmelade oder Gelee machen sie sich wunderbar zu Käse, Wild und Geflügel.

Quitte

Geschichte: In mediterranen Gärten ist die aus Asien stammende Quitte (Cydonia oblonga) seit dem Altertum verbreitet. Nördlich der Alpen wird sie vor allem von Liebhabern geschätzt. Man unterscheidet Apfelquitten und Birnenquitten.

Inhaltsstoffe: Die Quitte enthält reichlich Pektin, das gut für die Darmgesundheit ist sowie Vitamin C und den Pflanzenschutzstoff Quercetin, der immunschützend wirkt.

Einkauf und Lagerung: Achten Sie beim Einkauf auf den Duft der Früchte. Reife Quitten duften intensiv nach Zitrone und Apfel. Außerdem ist auf ihrer Schale kaum noch etwas von dem charakteristischen Flaum zu finden. Kleine Quitten schmecken besser als große. Apfelquitten haben eine härtere Schale und sind weniger saftig als birnenförmige, dafür herzhafter. Keine Früchte mit Rissen oder Flecken kaufen. Quitten sind sehr schnell verdorben, wenn sie Druckstellen bekommen. Vollreife Quitten können im Gemüsefach des Kühlschranks noch bis zu einer Woche aufbewahrt werden. Quitten nicht mit anderen empfindlichen Lebensmitteln zusammen lagern, weil sich das Aroma übertragen kann.

In der Küche: Roh sind Quitten ungenießbar. Quitten eignen sich zur Verarbeitung zu Gelee, Quittenbrot und Saft sowie zu Likör. In den mediterranen Ländern werden zu vielen Fleischgerichten gekochte Quittenstücke gereicht.

Stachelbeere

Geschichte: Die säuerlich-herb schmeckende Stachelbeere ist verwandt mit der Johannisbeere. Sie ist jedoch größer und häufig behaart. Ursprünglich stammt die Stachelbeere aus dem euroasiatischen und dem Mittelmeerraum. Heute wird die Stachelbeere in gemäßigten Klimazonen in aller Welt kultiviert. Es gibt rote und grüne Stachelbeeren.

Inhaltsstoffe: Sowohl die rote wie auch die grüne Stachelbeere ist reich an Vitamin C, Mineralstoffen und sekundären Pflanzenstoffen.

Einkauf und Lagerung: Von Juni bis August hat die Stachelbeere Saison. Achten Sie beim Einkauf auf pralle, unversehrte Beeren. Die Stachelbeere sollten Sie möglichst frisch verzehren oder verarbeiten. Im Kühlschrank können Sie die Stachelbeere ein bis zwei Tage aufbewahren.

In der Küche: Rote Stachelbeeren kann man pur genießen. Sie ist süßer als die grüne Stachelbeere und weniger pelzig. Die grüne Beere eignet sich gut als Kuchenbelag oder für Kompott.

Gemüse

Wer Gemüse geschickt kombiniert, hat viel Buntes, Aromatisches und Gesundes auf dem Teller: Vitamine, Mineralstoffe, Ballaststoffe und sekundäre Pflanzenstoffe. Hier stelle ich Ihnen die wichtigsten heimischen Gemüsesorten vor, die Sie saisonal einkaufen können. Ergänzen können Sie diese nach Belieben und wenn es Rezept und Zubereitung fordern, ebenso wie bei frischem Obst durch Exoten.

Wurzelgemüse

Der Name klingt nicht richtig kulinarisch, doch davon sollten Sie sich keineswegs täuschen lassen. Möhren, Sellerie und Pastinaken wirken meist unscheinbar, schrumplig, unansehnlich und standen lange Zeit bei Gourmets nicht besonders hoch im Kurs. Sie gehören zur Familie der Wur-

Lebensmittel sind wertvoll …

… deshalb sollten Sie auch nicht im Müll landen.

Lagern Sie Ihre Lebensmittel richtig, nicht zu warm und gut geschützt. So lässt sich der Verderb hinauszögern. Tipps dazu können Sie in der Warenkunde bei den einzelnen Lebensmittelgruppen nachlesen,

Obst und Gemüse sind Naturprodukte und müssen nicht immer perfekt aussehen. Sollten Sie zu viel eingekauft haben oder reich beschenkt worden sein, machen Sie Früchte, Gemüse, Pilze und Kräuter ein (siehe Seite 132) oder trocknen Sie sie.

Verarbeiten Sie Reste kreativ: Aus nicht mehr ganz frischem Gemüse lassen sich tolle Suppen zaubern. Früchte können Sie pürieren und in Fruchtshakes, Joghurts oder Quarkspeisen verarbeiten.

Gutes Brot auf keinen Fall wegwerfen, sondern zum Beispiel zu Brotpudding oder Paniermehl verarbeiten. Wenn der Bund Kräuter für das eine Gericht zu reichlich war oder Ihr Garten besonders viel hergibt, können Sie sie zum Beispiel mit Öl und Pinienkernen zu einem Pesto verarbeiten oder auf der Wäscheleine trocknen.

zelgemüse. Doch Knollen und Rüben haben es in sich. Sie sind echte Vitaminbomben und Fitmacher.

Inhaltsstoffe: Was in der Erde an Genießbarem heranreift ist häufig reich an Vitaminen, Mineralstoffen und Spurenelementen wie Kalium, Kalzium, Phosphor, Natrium und Magnesium. Das wussten schon unsere Vorfahren in der Steinzeit, die mit der Entdeckung des Feuers lernten, die Knollen leichter genießbar zu machen: Indem sie diese Ur-Gemüse zu Mus zerstießen. Wurzeln sind vom Nähr- und Gesundheitswert deutlich höher einzuschätzen als das meiste Blatt- und Sommergemüse, allen voran Spinat, Tomaten oder Salate. Denn in ihrem Speicherorgan, der Knolle oder Wurzel, sammelt die Pflanze Mineralien und andere wertvolle Inhaltsstoffe. Da zudem viele Wurzelgemüsearten erst im zweiten Jahr geerntet werden können, lagern sich in den Knollen die gesunden Vitalstoffe ab. Nicht zuletzt überzeugen die vielen verschiedenen Sorten mit ihren ganz individuellen geschmacklichen Facetten. Hier die wichtigsten Vertreter:

»Gemüsesorten wie Möhren, Sellerie oder Kürbis lassen sich auch gut auf Vorrat kaufen und kühl lagern. Wasserreiches Gemüse wie Tomaten, Paprikaschoten, Gurken und Blattsalate sollten Sie immer so frisch wie möglich kaufen. Dann sind sie vitalstoffreicher und schmecken besser. Bitte bei Zimmertemperatur lagern und rasch verzehren. Bei Pilzen Exemplare mit Druckstellen vermeiden, hier kann sich Schimmel bilden. Vor der Verarbeitung sollten Sie Gemüse und auch Obst immer gründlich waschen und putzen.«

Knollensellerie kannten schon die alten Ägypter und die Griechen der Antike. Der Geruch von Sellerie ist intensiv: Die dicke, herb schmeckende Knolle eignet sich roh, gekocht oder gebraten für Salate, als Gemüse und in der Suppe.

Möhre, gelbe Rüben, Mohrrübe oder Karotte wird sie je nach Herkunftsregion genannt. Ihre orange Farbe erhielten die kultivierten Sorten erst durch Züchtungen in den 1960er-Jahren. Bis dahin waren sie gelb. Die knackige, fruchtig-süße Rübe schmeckt als Rohkost, im Salat sowie gekocht, gedünstet, gegrillt oder angebraten. Möhren bewahren ihr Aroma am besten, wenn man sie ungewaschen im Kühlschrank aufbewahrt. Nie zusammen mit Äpfeln lagern, da diese die Bildung von Bitterstoffen fördern.

Pastinake – die würzig-süßliche Wurzel war bis vor 200 Jahren noch das am häufigsten angebaute Wurzelgemüse in Europa. Unter dem Konkurrenzdruck der Kartoffel, die vom Preußenkönig Friedrich stark protegiert wurde, geriet sie in Vergessenheit, um von den Bio-Landwirten wieder ausgegraben zu werden. Geschmacklich ähnelt die knollenförmige Wurzel ein wenig der Möhre. Sie schmeckt roh, gedünstet oder gegart – in Salaten, Eintöpfen oder als Hauptgericht.

Petersilienwurzel sieht aus wie die Zwillingsschwester der Pastinake, hat aber völlig andere Qualitäten. Sie bringt eine feine Petersiliennote mit, die auch beim Kochen erhalten bleibt. So bildet sie eine schöne Grundlage für cremige Suppen und harmoniert gut zu Wild- und Rindfleisch.

Rote Bete ist mit dem Mangold verwandt und stammt aus den Mittelmeerregionen. Schon die Babylonier und Phönizier schätzten die süßlich-erdige Rübe. Die Römer brachten sie dann in nördliche Regionen. Wie die Möhre wurde auch die süßlich, erdig schmeckende Rote Bete erst im vergangenen Jahrhundert durch Züchtung richtig rot. Rote Bete, die reich an Kalium, Magnesium und Kupfer sowie Folsäure und Eisen ist, schmeckt von März bis September in Salaten und Suppen, als Beilage oder gefüllt als Hauptgericht. Tipp: Je kleiner die Rüben, desto zarter die Knollen. Falls Sie die Rüben kochen, sollten Sie sie im Ganzen garen. So verhindern Sie, dass die Knollen »ausbluten« und ihren Saft und ihre wertvollen Inhaltsstoffe verlieren. Wurzeln und Blattansätze erst nach dem Garen abschneiden. Wer rote Verfärbungen an den Händen durch den roten Naturfarbstoff der Rübe, das Betanin, vermeiden will, sollte beim Verarbeiten Gummihandschuhe anziehen. Mit Zitronensaft lässt sich die Farbe auch wieder entfernen. Im Gemüsefach des Kühlschranks können Sie Rote Bete bis zu zehn Tage aufbewahren.

Schwarzwurzel, der »Spargel für Arme«, ist ein tolles Wintergemüse und schmeckt im Gegensatz zu den frühlingshaften Sprossen nussig-erdig. Unter der dunklen Wurzelhaut verbirgt sich ein zartweißes Gemüse, das sich gut in Suppen und Eintöpfen oder gemeinsam mit Wild, Äpfeln,

Nüssen, Möhren und Muskatnuss macht. Kleiner Tipp: Nach dem Schälen und Kleinschneiden in Zitronenwasser geben, um Verfärbungen zu vermeiden. Anschließend in Salzwasser 20 bis 30 Minuten kochen.

Topinambur, die cremefarbene Knolle, auch bekannt als Erdartischocke, stammt ursprünglich aus Nordamerika. Im 17. Jahrhundert kam die Knolle nach Europa und erfreute sich großer Beliebtheit – bis dann im 18. Jahrhundert die besser lagerfähige und im Geschmack dezentere Kartoffel begann, ihr den Rang abzulaufen. Die Topinamburknolle hat ein nussiges, an Artischocken erinnerndes Aroma, das bei hellschaligen Früchten stärker ausgeprägt ist als bei dunkelschaligen. Sie schmeckt gehobelt als Rohkostsalat, gedünstet, gebraten oder gebacken und mit Kümmel verfeinert. Und: Sie muss nicht geschält werden, es reicht, die Wurzel gründlich zu putzen. Topinambur am besten frisch verzehren oder so kurz wie möglich lagern.

Tipp

Im Allgemeinen mögen es Wurzelgemüse – die idealen Gemüsebegleiter durch die kalte Jahreszeit – gerne kühl und feucht – entweder regelmäßig befeuchtet im Keller oder in ein feuchtes Tuch eingewickelt im Gemüsefach des Kühlschranks lagern.

Fenchel ist ein sommerlicher Vertreter der Wurzelgemüse, aromatisch süßlich und anisähnlich duftend. Man unterscheidet zwischen dem milderen Garten- und dem schärferen Pfefferfenchel. Die weißlich bis hellgrüne Knolle ist reich an Kalzium, Magnesium, Kalium und Vitamin C. Fenchel eignet sich bei milden Gerichten als Beilage, roh mariniert, fein geschnitten im Salat oder solo in Suppen. Im Gemüsefach des Kühlschranks hält er sich etwa drei bis fünf Tage. Vor dem Zubereiten von Fenchel muss die Knolle gut gereinigt werden. Den Wurzelansatz und beschädigte oder trockene Blätter entfernen. Das Grün an der Knolle kann mitverarbeitet werden.

Kartoffel – schon seit 2000 Jahren wird die Kartoffel in ihrer Urheimat Südamerika als Kulturpflanze angebaut. Nach Europa kam die vielseitige Knolle im 16. Jahrhundert, wo sie zunächst als Zierpflanze angebaut wurde. Erst Friedrich der Große erkannte in der Kartoffel dann das Volksnahrungsmittel. Im Mai und Juni sind die ersten, hier geernteten Frühkartoffeln auf dem Markt. Ab August gibt es die mittelfrühen Sorten, ab Oktober die späten. Kartoffeln schmecken leicht süßlich und unterscheiden sich je nach Sorte in Aussehen, Farbe und Aroma. Festkochende Sorten haben den geringsten Stärkegehalt, behalten beim Kochen ihre feste Struktur und eignen sich deshalb hervorragend für Salate, Bratkartoffeln oder Gratins (z.B. Hansa, Sieglinde). Unter vorwiegend festkochenden Sorten findet man Kartoffeln mit höherem Stärkeanteil. Sie sind ideal für Pell-, Salz- und Bratkartoffeln (z.B. Clivia, Hella, Grata). Mehligkochende Sorten eignen sich gut zum Zerstampfen, Pürieren, für Klöße und für Knödel (z.B. Datura, Irmgard). Kartoffeln sollten dunkel und kühl gelagert werden.

Meerrettich – die scharfe Wurzel stammt aus Asien und Südosteuropa. Seit dem 15. Jahrhundert ist der Meerrettich in Deutschland bekannt.

Er ist reich an Vitamin C, Kalzium, Phosphor und ätherischen Ölen. Die Saison von Meerrettich reicht von Oktober bis Ende Februar.

Roh gerieben ist Meerrettich ein beliebtes Gewürz zu Fisch, Fleisch und Salaten. Bei dunkler und kühler Lagerung hält sich Meerrettich mehrere Wochen. Am besten schmeckt er aber, wenn die Wurzeln frisch sind.

Radieschen – die kleinen lang-ovalen Rüben variieren farblich von weiß bis violett. Innen sind sie immer weiß. Ursprüngliche stammen Radieschen wohl aus China. Nach Europa kamen die ersten Radieschen im 16. Jahrhundert. Das scharf-würzige Gemüse hat ganzjährig Saison. Radieschen sind reich an Glucosinolaten, Eiweiß, Kalzium, Kalium, Provitamin A, Vitamin B_1, B_2 und Vitamin C. Der Geschmack der Radieschen kommt durch das Allylsenföl zustande. Radieschen schmecken pur oder in Salaten. Sie sollten am besten frisch verzehrt werden. Im Kühlschrank halten sie sich bis zu zwei Tage.

Zwiebel – die Knollen, die zur Familie der Liliengewächse gehören und ursprünglich aus dem Nahen Osten stammen, liefern reichlich Vitamin C und Kalium. Für ihr Aroma sind ätherische Öle verantwortlich. Je intensiver dieses zu Tränen rührende Aroma, desto frischer ist sie. Gute Zwiebeln sind prall, fest und trocken und haben keine grünen Triebe. Gute Frühlingszwiebeln zeigen ein festes, kräftig-sattes Grün. Am besten schmecken die Knollen im Sommer und Frühherbst, wenn sie hierzulande geerntet werden. Zwiebeln sollten nicht in Plastiktüten aufbewahrt werden. Ideal gelagert werden sie an einem kühlen, dunklen und trockenen Platz mit Luft. Weiße Zwiebeln halten dort mehrere Wochen, braune bis zu sechs Monate. Rote Zwiebeln und Frühlingszwiebeln machen schneller schlapp. Letztere hebt man im Gemüsefach des Kühlschranks auf, wo sie sich etwa eine Woche halten.

Braune Zwiebeln: pikant-scharfes Aroma beim Dünsten und Schmoren, jung auch fein gehobelt im Salat. Passen gut zu Fleisch und kräftigem Gemüse.

Weiße Zwiebeln: Diese milden Zwiebeln lassen sich gut füllen, grillen oder schmoren. Schmecken fein geschnitten auch im Salat.

Rote Zwiebeln: Die aromatischen Zwiebeln geben frisch und roh Salaten, Marinaden oder Broten eine würzige, süßliche Note.

Frühlingszwiebeln: roh für Salate, Quark, Dips und Dressings, auch für asiatische Gerichte.

Schalotten – die fein, süßlich-würzige Schwester der Zwiebel besteht aus mehreren Teilzwiebeln und stammt vermutlich aus dem Nahen Osten. Es gibt sie mit brauner, roter, grauer, rosafarbener und gelber Schale sowie mit weißem bis violettfarbenem Fruchtfleisch.

Die nährstoffreichen Schalotten (Provitamin A, Vitamin B_1, B_2, B_6, C, E, Biotin, Niacin, Folsäure) können sowohl roh oder auch im Ganzen gegart und geschmort werden. Oft benutzt man sie als Gewürz, zum Verfeinern von Salaten, Suppen und Saucen oder als Beilage zu Gemüse-, Fleisch- und Fischgerichten. Schalotten haben von Oktober bis Mai Saison.

Knoblauch ist unentbehrlich in der Küche. Die Knolle liefert mit dem einzigartigen Aroma auch jede Menge Vitamine, Mineralstoffe und Spurenelemente. Was ihn so unverwechselbar macht, ist das stark schwefelhaltige, ätherische Öl namens Allicin. Erntefrischer Knoblauch ist elastisch, hat pralle, saftige Zehen, einen grünen, festen Stiel und eine leicht feuchte, rosafarbene Haut ohne gelbe oder dunkle Stellen. Getrockneter Knoblauch ist fest und hat eine glatte, seidenpapierdünne, weiße oder rosafarbene Hülle. Kenner kaufen Knoblauch dann im Juni, Juli und August, wenn die Knöllchen erntefrisch aus Italien, Spanien oder Frankreich kommen. Frischer Knoblauch sollte nicht länger als zwei Wochen im Gemüsefach des Kühlschranks liegen. Auch getrocknete Knollen sollten kühl, dunkel und luftig gelagert werden. Schnittknoblauch hält sich – in einem feuchten Tuch und im Schraubglas – im Kühlschrank drei bis sieben Tage.

Ingwer gehört in der asiatischen Küche zum Standardrepertoire. Die Wurzel, eigentlich ein Rhizom, schmeckt aromatisch bis brennend scharf und kann gerieben oder gehackt werden. Er eignet sich für Suppen, zu Geflügel, Lamm, Fisch und Meeresfrüchten, aber auch für Süßes wie in Lebkuchen, Milchreis, Obstsalat, Kaltschalen, in und als Tee. Ingwer wächst in den Tropen und Subtropen und ist bei uns ganzjährig im Handel erhältlich. Die Knollen sollten prall sein, die Schale leicht glänzen. Trocken gelagert hält die Knolle einige Wochen im Gemüsefach des Kühlschranks.

Fruchtgemüse

Tomaten sind – knapp gefolgt von der Gurke – das Lieblingsgemüse der Deutschen. Sonnengereifte Tomaten duften bitterherb und schmecken zwischen sauer und süß. Hierzulande schmecken sie am besten zwischen Juli bis September. Damit das Fruchtgemüse Geschmack hat, sollten die Früchte fest und eher klein sein, keine schrumpeligen Falten oder dunkle Stellen haben. Höcker und Rippen sind sortenbedingt, oft schmecken diese besonders intensiv. Blätter und Stiele sind grün. Ganz grün sollten Tomaten nicht sein, da sie so auf den Magen schlagen könnten, rotgrün ist hier aber völlig in Ordnung. Aus Tomaten lassen sich Lieblingsgerichte sowie Saft, Ketchup und Passato zaubern.

Eine reife Tomate bleibt ein bis zwei Wochen lang frisch, wenn sie bei etwa 12 bis 15 Grad lagert. Kühlschrankluft bekommt ihr weniger. Beim Nachreifen verströmt die Tomate das Gas Ethylen, das auch anderes Gemüse und Obst schneller reifen lässt. Deswegen keine Bananen, Gurken oder ähnlich Empfindliches daneben legen. Es gibt Hunderte von Tomatensorten. Am häufigsten werden die knackigen, saftigen und eher säuerlichen Normaltomaten verwendet. Fleischtomaten eignen sich für Saucen, Suppen und Geschmortes. Eier- oder Flaschentomaten stammen aus dem Mittelmeerraum und werden dort wegen ihres dicken Fruchtfleischs und der Süße in Salaten und Saucen verwendet. Die Kirschtomate ist inzwischen für viele Tomatenfans die beste Wahl, weil sie am aromatischsten schmeckt. Strauchtomaten gibt es von allen Sorten.

Gurken sind aus kaum einer Küche der Welt wegzudenken. Schlangengurken wachsen wetterunabhängig unter Glas oder Folie, weshalb sie ganzjährig im Handel sind. Die mittelgroßen, hellgrünen bis gelben Schäl- und kleinere Gartengurken hingegen haben eine dickere Haut, festeres Fruchtfleisch und ein intensiveres, leicht bitteres Aroma. Ihre Saison läuft von August bis in den Herbst hinein. Ideal zur Lagerung sind kühle, dunkle Keller. Hier halten sie sich drei Wochen. Der Kühlschrank ist tabu.

Paprikaschote – Gemüsepaprika gibt es in rot, gelb und grün. Grüne werden unreif geerntet und schmecken etwas herber. Die roten bieten das meiste Aroma und die meisten Vitalstoffe, allen voran Vitamin C. Freilandpaprika kommt ab Sommer bis in den Herbst auf unsere Märkte, meist aus den Mittelmeerländern und zum Teil aus Südosteuropa.

Beim Einkauf auf Früchte mit frischen Stielen achten. Er schmeckt in Olivenöl mariniert, roh in Stiften oder Streifen, in pikanten Salsas, als Relish sowie püriert in einer Paprikasauce. Sanfter und süßer schmeckt Paprika gekocht, gebraten, gefüllt oder überbacken, auf der Pizza oder im Auflauf. Im Gemüsefach im Kühlschrank hält sich Paprika etwa eine Woche, eingepackt in einen Plastikbeutel mit Luftlöchern. In Kellerkühle hält er sein Aroma besser, allerdings nur drei bis vier Tage.

Kürbis ist botanisch gesehen eine Beere. Eng verwandt ist er mit Gurken, Melonen und Zucchini. Es gibt gelbe, orangefarbene, dunkelgrüne, weiße und graue Kürbisse, runde, ovale, birnen- und zwiebelförmige, glatte, mit Rippen oder mit Huppeln übersäte. Zu den am häufigsten verwendeten Speisekürbissen gehören neben den Riesenkürbissen die Gemüse- oder auch Gartenkürbisse sowie die Moschuskürbisse, zu denen auch der birnenförmige, hellgelbe Butternusskürbis mit seinem buttrig-nussigen Fruchtfleisch zählt. Besonders beliebt ist der orangerote Hokkaido-Kürbis. Sein Fleisch schmeckt aromatisch-nussig. Kürbisfleisch enthält viele wertvolle Inhaltsstoffe wie Kalium, Kalzium, Zink und Vitamine der Gruppen A, C, D und E. Grund genug, ihn öfter auf den Tisch zu bringen. Ist seine Schale intakt, kann man ihn im Keller wochen- oder sogar monatelang lagern. Angeschnittene Kürbisse halten sich im Kühlschrank ein paar Tage. Erntezeit ist von August bis September. Ob ein Kürbis reif ist, erkennt man daran, dass er hohl klingt, wenn man gegen seine Schale klopft.

Er schmeckt in Suppen und Eintöpfen, gebraten, gedünstet oder gekocht als Gemüse, süßsauer eingelegt, als Kuchen oder Chutney. Aus Kürbiskernen wird unter anderem in der Steiermark Kürbiskernöl hergestellt.

Zucchini gehören zu den Kürbissen und haben keinen besonderen Eigengeschmack, können deshalb aber gut kombiniert werden. Je kleiner, desto feinwürziger sind sie.

Auf dem Markt findet man sie in verschiedenen Farben: gelb, hell- und dunkelgrün. Ideal sind junge, etwa 15 Zentimeter lange Früchte. Größere Exemplare kann man füllen. Im Frühjahr bilden Zucchini große, gelbe Blüten aus, die man füllen oder in Teig gehüllt frittieren kann. Zucchini sollten immer fest, mit straffer Haut und frischem Stielansatz sein. Freilandzucchini kann man ab Mitte Juni bis Oktober bekommen. Die Zucchini halten sich in einer Plastiktüte im Gemüsefach ein bis zwei Wochen. Blüten sofort verarbeiten, da sie rasch welken.

Hülsenfrüchte

Nicht nur in der vegetarischen Küche stehen diese eiweißreichen Ballaststoffträger hoch im Kurs. Zu ihnen gehören:

Linsen – so vielfältig und bunt wie die verschiedenen Linsensorten sind auch ihre kulinarischen Möglichkeiten. Es gibt sie in klein und groß, gelb, braun, grün, schwarz und rot. Geschmacklich unterscheiden sie sich ebenfalls sehr. Grüne Linsen sind frische, ungelagerte Hülsenfrüchte. Sie schmecken nach Nüssen und eignen sich beispielsweise für Salate oder als Beilage.

Die braunen, etwas größeren Tellerlinsen sind feinmehlig und schmecken süß und feinwürzig in Suppen, Eintöpfen oder als Beilage.

Sie haben eine längere Garzeit. Berglinsen ähneln den braunen Linsen, sind aber kleiner, fester und mild vom Geschmack und haben eine kürzere Garzeit. Sie schmecken in kräftigen Eintöpfen oder Aufläufen und keimen zu feinen Sprossen. Gelbe Linsen sind geschälte grüne Linsen mit mildem, kaum linsentypischem Aroma. Sie sind in wenigen Minuten gar und ideal für Pürees, Suppen und Saucen.

Rote Linsen sind geschälte Berglinsen, werden beim Garen breiig und verfärben sich dabei ins Gelbliche. Beluga-Linsen sind klein, schwarz, köstlich und sehr dekorativ.

Erbsen – im Handel gibt es sie in gelb mit leicht süßlicher Geschmacksrichtung oder in grün mit einem kräftigeren Aroma. Erbsen schmecken in Aufläufen, Suppen und deftigen Eintöpfen. Von Juni bis August bekommt man frische, feste Erbsen in der Schote – meist süßlich schmeckende Markerbsen, hin und wieder aber auch Schälerbsen. Frische Erbsen halten im Kühlschrank bis zu drei Tage.

Bohnen gibt es in verschiedenen Sorten, von der weißen Bohne über die Kidneybohne bis hin zur Azuki-Bohne. Frisch bekommt man gelbe und grüne Bohnen, runde und breite, lange und kurze ab Frühsommer – zuerst die breiten Sorten für Schnippelbohnen und dann die dicken Bohnen (Sau-, Puffbohnen). Hauptsaison ist von Juni bis September. Frische Bohnen dürfen nur gegart verzehrt werden, roh enthalten sie Phasin, das leicht auf den Magen schlägt.

Sojabohnen gehören ebenfalls zu den Hülsenfrüchten. Sie sind hier einer der besten Eiweißträger, reich an essenziellen Aminosäuren sowie Mineralstoffen wie Kalium, Magnesium, Eisen und Folsäure und können vom Körper sehr gut verwertet werden. Sojabohnen schmecken in Suppen, Eintöpfen oder als Gemüsebeilage. Bohnen und Lebensmittel aus Soja (zum Beispiel Mehl, Sprossen oder Tofu) werden vor allem in der asiatischen Küche eingesetzt. Die bekanntesten Sojaprodukte sind

Sojamilch: Im Gegensatz zur Kuhmilch ist Sojamilch rein pflanzlich. Sie eignet sich zur Zubereitung von Joghurt, Eiscreme, Getränken oder Pudding. Es gibt sie in natur, gesüßt oder aromatisiert.

Tempeh: Die kleinen Blöcke werden aus fermentiertem Soja hergestellt und schmecken nussig mit einer leicht säuerlichen Note. Tempeh ist sehr reich an Vitamin B_{12}.

Tofu: Der Sojabohnenquark aus dem Kühlregal ist schnittfest und enthält hochwertiges Eiweiß, jede Menge Vitamine B_1 und B_2, Magnesium, Kalzium sowie Eisen. Es gibt ihn neutral und gewürzt, geräuchert und mit Kräutern. Er ist ideal zum Braten, Frittieren oder als Suppen- und Gemüseeinlage, in Dips und Brotaufstrichen, aber auch für Kuchen und Gebäck. Seidentofu heißt die cremige, quarkweiche Variante. Sie schmeckt fein als Dessert.

Sojasauce: Die Würzsauce wird aus Sojabohnen durch einen Gärprozess gewonnen und ist ein guter Salzersatz. Beim Kauf darauf achten, dass sie frei von Konservierungs- und Zusatzstoffen ist.

Blattgemüse

Spinat – die Blattpflanze aus der Familie der Gänsefußgewächse wurde im 16. Jahrhundert aus dem Orient eingebürgert und verdrängte traditionelle Gemüsearten wie die Melde oder den Guten Heinrich. Frische Spinatblätter sind von kräftiger, grüner Farbe und die Blattform ist zart – meist spießartig. Sie schmecken mild und aromatisch. Die heimische Saison ist von September bis Juni. Spinat ist äußerst vielseitig und kann roh und gegart verwendet werden, als Suppe oder Gemüsegericht, als Salat oder Füllung. Vor der Verarbeitung Stängel und dicke Blattrippen entfernen. Nach dem Kochen den Spinat kurz abschrecken, so behält er seine grüne Farbe. Frischer Spinat hält sich im Kühlschrank maximal eine Woche.

Blattsalate lassen sich botanisch in zwei Gruppen einteilen: Salate der Lattichgruppe (Lactucagruppe) sondern beim Anschnitt eine milchige Flüssigkeit ab und enthalten nur wenig Bitterstoffe. Dazu gehören: Kopf-, Eis-, Batavia-, Romanasalat sowie Schnitt- bzw. Pflücksalatarten. Die Zichoriengruppe enthält ebenfalls Milchsaft, aber mehr Bitterstoffe. Der Vitamin- und Mineralstoffgehalt ist in der Regel etwas höher. Hierzu gehören unter anderem Endivien, Chicorée, Blattzichorie und Radicchio. Salat sollte gleich am Tag des Einkaufs verzehrt werden. Im Gemüsefach des Kühlschranks hält er sich zwei bis drei Tage. Ein paar Tage lang lässt er sich aber in der Regel gut im Gemüsefach des Kühlschranks in einem Kunststoffbehälter, einem Plastikbeutel oder feuchtem Tuch lagern. Feldsalat oder sehr krausblätterige Arten (Frisée oder Lollo) vor der

Zubereitung immer besonders sorgfältig und gründlich spülen. Wasser verhindert die Verbindung mit dem Salatdressing. Deshalb die Blätter vor dem Anrichten gut abtropfen lassen oder in der Salatschleuder trocknen. Die beliebtesten Sorten sind:

Kopfsalat mit seinem mild-süßlichen Geschmack. Die äußeren Blätter des Kopfsalats haben einen intensiveren Geschmack als die Herzen. Freilandware hat von Mai bis Oktober Saison. Kopfsalat besteht zu etwa 95 Prozent aus Wasser, ist aber reich an Mineral- und Ballaststoffen sowie Folsäure, Vitamin A und Vitamin C.

Eisbergsalat ist mit seinem mild-neutralen Geschmack und den festen, knackigen Blättern die kompaktere Variante. Er hat von Mai bis Oktober Saison. Beim Einkauf auf saftige Blätter, einen fest geschlossenen Kopf und einen knackigen Strunk achten.

Feldsalat ist ein typischer Wintersalat und hat zarte Blätter mit mild-nussigem Geschmack. Er hat von allen Salatsorten den höchsten Gehalt an Vitaminen und Mineralstoffen. Am besten schmeckt er von Oktober bis Januar, ist aber von September bis Mai erhältlich. Er sollte knackige Stiele und straffe Blätter haben.

Friséesalat hat fransige, knackige Blätter, die leicht bitter und herzhaft-würzig schmecken. Von Mai bis November gibt es ihn im heimischen Anbau zu kaufen.

Chicorée mit seinem typisch bitteren Aroma bildet lange, ovale Köpfe. Die festen Blätter schmecken in Wintersalaten, überbacken, gedünstet und gebraten.

Rucola (Rauke) hat löwenzahnähnliche, feste Blätter. Seine Senföle sorgen für den würzig-scharfen, leicht nussigen Geschmack. Von April bis November hat Rucola Saison.

Küchenkräuter

Es gibt viele verschiedene Sorten, die sich unterschiedlich verwenden lassen. Die einen passen besser zum Fisch und die anderen besser zum Gemüse oder Fleisch. Achten Sie beim Einkauf darauf, dass die Stängel nicht verholzt sind und die Kräuter frische Blätter haben. Jedes Kraut sollte intensiv und frisch riechen! Kräuter haben neben ihren wunderbaren Aromen einiges zu bieten: ätherische Öle, Harze, Alkaloide, Bitter-, Gerb- und Schleimstoffe, organische Säuren, Enzyme, pflanzliche Hormone, Mineralstoffe und Vitamine. Wie Sie Kräuter ganz einfach selbst anbauen können, lesen Sie auf Seite 78 nach.

Kohl

Schon die Griechen und Römer bauten vor 2 500 Jahren das gesunde Gemüse an. Es gibt unzählige verschiedene Sorten in den unterschiedlichsten Formen und Farben. Alle sind jedoch besonders reich an dem immunschützenden Vitalstoff Vitamin C, was ihn zum idealen Wintergemüse macht. Außerdem ist er reich an Vitamin B, Kalium, Kalzium, Natrium und blutbildendem Eisen. Rosenkohl und Grünkohl sind besonders reich an Magnesium und Kalium. Die wichtigsten Vertreter sind:

Blumenkohl hat frisch feste, geschlossene Röschen, knackig-grüne Blätter und einen saftigen Strunk. Vor der Zubereitung sollte er kurz in Salzwasser gelegt werden, um Ungeziefer zu entfernen. Im Kühlschrank hält er sich bis zu drei Tage. Freilandblumenkohl gibt es von Mai bis Oktober. Eine Variante ist der grünliche Romanesco. Er ist noch vitaminreicher und aromatischer.

Brokkoli – dieser Kohlvertreter schmeckt herzhafter als seine Verwandten. Beim Kauf auf fest geschlossene grüne Röschen achten. Frischer Brokkoli wird von Juni bis Oktober angeboten.

Chinakohl – die Kreuzung aus Pak-Choi und Speiserübe hat leicht wellige, gelb bis dunkelgrüne, längliche Blätter.

Durch seine Senföle ist er noch bekömmlicher als andere Kohlarten. Im Kühlschrank hält er sich etwa eine Woche. Hauptsaison ist September bis März.

Grünkohl – damit das typische Wintergemüse einen leicht süßlichen Geschmack entfaltet, sollte der Kohl vor der Ernte längere Zeit kalten Temperaturen ausgesetzt gewesen sein. In Norddeutschland wird Grünkohl gern deftig mit Kohlwurst, Kassler oder Schweinebacke gegessen. Zu langes Kochen schadet seinen Inhaltsstoffen – am besten nur kurz blanchieren, dann hacken und dünsten. Trocken gelagert hält er sich eine Woche. Saison hat der Grünkohl von September bis März.

Kohlrabi – die kleinen, grünen, leicht nussig schmeckenden Knollen eignen sich gut für Rohkost und Salate, Eintöpfe, Suppen, Füllungen, zum Überbacken und als Salat. Einen besonders hohen Gehalt an Vitaminen und Mineralstoffen enthalten die Blätter, die auch immer mit verwendet werden sollten.

Rosenkohl hat frisch feste geschlossene Röschen von hell- bis dunkelgrüner Farbe und schmeckt gegart leicht süßlich. Im Kühlschrank ist er maximal vier Tage haltbar.

Rotkohl – geraspelt schmeckt der leicht süßliche Kohl sehr gut als Salat oder gegart als Gemüse. Ein Schuss Essig im Kochwasser stabilisiert die rote Farbe. Im Gemüsefach des Kühlschranks hält er sich mindestens 14 Tage.

Spitzkohl gilt als die edelste Kohlsorte und ist nur kurze Zeit im Frühjahr und Sommer erhältlich. Kulinarisch ist der mild schmeckende Kohl vielfältig einsetzbar in Salaten, Rohkost oder Gemüsegerichten. Er eignet sich nicht zum Lagern.

Weißkohl – das beliebte Herbst- und Wintergemüse eignet sich sehr gut für deftige Eintöpfe, Kohlrouladen oder Salate. Kühl gelagert ist der Weißkohl etwa zwei Wochen haltbar. Eine beliebte Variante ist das Sauerkraut, bei dem der Weißkohl durch Milchsäuregärung konserviert wird.

Wirsing ist das ganze Jahr über erhältlich, zuerst als milderer Frühwirsing ab Mai, später als Herbst- oder Dauerwirsing. Seine Blätter sind zarter als die der meisten anderen Kohlsorten. Er ist in der Küche sehr vielseitig verwendbar, für Salate eignet sich der Frühwirsing am besten.

Pilze

Speisepilze gibt es das ganze Jahr über in unterschiedlichsten Varianten. Kenner können in Deutschland 50 essbare Arten unterscheiden:

Tipp

Kohl am besten unverpackt kaufen. In Folie verpackt fault und schimmelt er sehr schnell. Ins Kochwasser immer einen kleinen Schuss Essig geben und schon ist Schluss mit dem typischen Kohlgeruch. Bei der Zubereitung immer etwas Öl oder Butter verwenden, damit die Vitamine auch vom Körper aufgenommen werden können. Gegen die blähende Wirkung hilft die Zubereitung mit Gewürzen wie Anis, Fenchel oder Kümmel.

Morcheln haben von Februar bis Juni Saison, von Juni bis September beginnt dann die eigentliche Pilzsammelzeit. Dann gibt es Pfifferlinge, Champignons, Steinpilze, Maronen und Riesenboviste aus dem Wald (Bestimmungsbuch nicht vergessen!). Egerlinge, Champignons, Austernpilze oder Kräuterseitlinge aus Kulturen haben überdies ganzjährig Saison.

Reif ist ein Pilz übrigens erst, wenn die Lamellen unter dem Hut dunkel sind, sich der Pilzhut nach oben wölbt und der Hutrand nach außen zeigt. Zeigt der Rand nach oben, ist der Pilz allerdings schon so gut wie verwest, was sehr schnell geht. In den Handel gelangen daher in der Regel unreif geerntete Pilze. Allen Sorten ist gemeinsam, dass sie reichlich Eiweiß liefern und aromatisch schmecken. Getrocknete Varianten mit wertvollen immunstärkenden Inhaltsstoffen sind die chinesischen Shiitake- oder Mu-Err-Pilze.

Pilze sind eine der vielseitigsten Zutaten in der Küche und schmecken in Suppen und Salaten, zu Nudeln, Klößen, Fleisch und Wildgerichten.

Saaten & Nüsse

Öle

Diese unentbehrlichen Genusshelfer gibt es in den unterschiedlichsten Geschmacksrichtungen: Zwei Sorten sollten Sie davon mindestens in Ihrem Vorrat haben.

Die kalt gepressten Pflanzenöle aus Traubenkernen, Kürbiskernen oder Walnüssen sind sehr aromatisch und schmecken fein zu kalten und warmen Salaten sowie in Marinaden über Gemüse oder Tofu. Sie sollten dunkel und kühl (nicht im Kühlschrank!) aufbewahrt werden, da sie sonst leicht oxidieren können. Raps-, Hanf- und Leinöl, die ebenfalls zu dieser Gruppe gehören, sind ausgezeichnete Quellen für die gesunden Omega-3-Fettsäuren. Leinöl sollte nur kalt verwendet und nicht erhitzt werden. Neutraler schmecken Öle wie Weizenkeimöl oder Sonnenblumenöl. Zum Erhitzen ideal sind Rapsöl und Erdnussöl. Alle liefern außerdem ungesättigte Fettsäuren (siehe auch Seite 128), welche die Gesundheit von Herz und Kreislauf stärken.

Getreide

Diese Nahrungsmittelgruppe ist äußerst vielseitig und ballaststoffreich.

Graupen – der Genießer kennt sie als Perlgraupen, die geschälten und geschliffenen Gerstenkörner. Sie schmecken in Suppen und Eintöpfen, im Salat und als Beilage zu vegetarischen Gerichten.

Bulgur – der vorgekochte, getrocknete und geschrotete Weizen schmeckt als Beilage oder als Salat.

Couscous – aus der orientalischen Küche stammen die aus Hartweizengrieß hergestellten Körnchen, die gekocht

Nüsse und Samen

Sie schmecken toll im Salat und in Gemüsegerichten und helfen dabei, Ihre Mahlzeiten gesundheitlich noch wertvoller zu machen. Haselnüsse, Mandeln, Pistazien und Walnüsse, Paranüsse, Sonnenblumen- und Kürbiskerne sowie Sesam- und Leinsamen enthalten nicht nur viel Eiweiß, sondern auch ungesättigte Fettsäuren, B-Vitamine, Eisen, Selen und Kalzium.

und gedämpft werden und auch als Beilage oder Salat schmecken.

Reis – ihn gibt es in verschiedenen Varianten, als Rundkorn- oder Langkorn, geschält und ungeschält, von sehr weich bis sehr körnig kochend. Er schmeckt in Suppen, als Risotto, Milchreis oder feine Beilage.

Hirse – die gelben kleinen Körner sind schnell gar und enthalten eine Menge Vitamine und Mineralstoffe. Hirse vor der Zubereitung immer gut abspülen, da sie sonst bitter schmecken kann.

Amaranth und Quinoa – diese Getreide sind hirseähnlich mit mild-nussigem Aroma und schmecken gut in Aufläufen, Suppen, als Beilage, Füllung oder in Süßspeisen.

Milch, Milchprodukte und Eier

Quark, Joghurt, Kefir, saure Sahne, Buttermilch und Crème fraîche liefern Kalzium, hochwertiges Eiweiß und die Vitamine B_2 und B_{12}. Frischmilch, die bei 72 bis 75 °C bis zu 30 Sekunden lang pasteurisiert wird, gibt es nur noch relativ selten im Kühlregal. Dafür bieten die Molkereien länger haltbare Milch an, die ungeöffnet und gekühlt bis zu drei Wochen frisch bleibt. Sie wurde auf 127 °C für zwei Sekunden erhitzt oder fein gefiltert. Auf diese Weise ist diese Milch weitgehend keimfrei. H-Milch wird noch höher erhitzt, sollte aber nach dem Öffnen in zwei bis drei Tagen verbraucht werden. Sie ist noch keimfreier, dafür aber etwas nährstoffärmer als die länger haltbare Milch.

Käse

Schon in kleinen Mengen liefert Käse viel Geschmack und jede Menge Kalzium! Es gibt Hunderte von Sorten, und kaum ein Lebensmittel ist so köstlich und vielfältig. Das Ausgangsprodukt für die verschiedenen Käsesorten ist immer: Milch. Heute wird vor allem die Milch von Kühen, Schafen, Ziegen und Büffelkühen für die Käseherstellung verwendet. Für die Konsistenz eines Käses ist das Verhältnis von Trockenmasse zum Wassergehalt entscheidend. Die Trockenmasse setzt sich zusammen aus Fett, Eiweiß, Milchzucker, Milchsäure sowie Salzen, Vitaminen und Enzymen. Diese Masse bleibt übrig, wenn dem Käse das Wasser entzogen wird. Je mehr Flüssigkeit ein Käse also enthält, desto weicher ist er und umgekehrt. Als Kriterium wurde dazu der Begriff »Wassergehalt in der fettfreien Käsemasse« (Wff) eingeführt. Enthält ein Käse also 25 Prozent Fett, so beträgt die fettfreie Käsemasse 75 Prozent, und der Wff ist der in diesen 75 Prozent enthaltene Wasseranteil. In Deutschland werden Käsesorten nach dem Wff in folgende Gruppen eingeteilt:

Hartkäse – 56 Prozent oder weniger

Schnittkäse – mehr als 54 Prozent bis 63 Prozent

halbfester Schnittkäse – mehr als 61 Prozent bis 69 Prozent

Sauermilchkäse – mehr als 60 Prozent bis 73 Prozent

Weichkäse – mehr als 67 Prozent

Frischkäse – mehr als 73 Prozent

Für die qualitative Bewertung eines Käses ist der Fettgehalt entscheidend: Je höher der Anteil an Fett ist, desto feiner ist der Käseteig. Das Kürzel (Fett i. Tr.) steht für »Fett in der Trockenmasse«. Darunter versteht man den prozentualen Fettanteil in der Käsemasse ohne Wasser (Trockenmasse).

Wichtig bei der Lagerung ist eine konstante Temperatur von 10 bis 15 Grad. Am besten hat es der Käse im Gemüsefach, da dort mit sieben bis neun Grad die wärmsten Temperaturen im Kühlschrank herrschen. Der Käse sollte dabei so geschützt sein, dass er nicht austrocknet, aber dennoch atmen kann. Am besten deckt man größere Stücke nur an der Schnittfläche mit Folie ab. So kann die Rinde weiteratmen. Für stark riechende Käsesorten bieten sich Kunststoffdosen oder Alufolie an. Weichkäse mit Rotschmiere sollte in Pergamentpapier oder in beschichtetem Papier aufbewahrt werden. Frisch- und Schmelzkäse sind im Kühlschrank in ihrer handelsüblichen Verpackung am besten aufgehoben. Vor dem Verzehr den Käse eine Stunde vorher aus der Kühlung nehmen.

Eier

Eines der nährstoffreichsten, vielseitigsten und günstigsten Lebensmittel ist das Ei. Es schmeckt weich oder hart gekocht, pochiert, im Glas, als Spiegelei, als Rührei oder Omelette, frittiert, im Wasserbad gegart, als Pfannkuchen, Eierstich, in Saucen und Mayonnaise. Was für das Huhn gilt, gilt ebenso fürs Ei. Am besten schmecken Eier aus Freiland- oder Bio-Haltung oder vom Bauern oder Händler seines Vertrauens. Beim Einkauf darauf achten, dass die Eier noch mindestens zwei Wochen bis zu ihrem Mindesthaltbarkeitsdatum (MDH) haben.

Eier, die in Deutschland gelegt wurden, tragen auf der Packung das Kennzeichen »DDD« oder auf der Schale ein »D« plus eine sechsstellige Kennzahl.

Die vierte Ziffer aus der Zahlenreihe zeigt, aus welcher Haltung das Ei stammt. 0: Bio-Eier – Freilandhaltung und Futter aus ökologischem Anbau; 1: Freiland, 2: Bodenhaltung, 3: Käfighaltung.

Hygiene ist beim Ungang mit Eiern das A und O, damit Salmonellen keine Chance haben. Eier erst kurz vor der Verwendung aus dem Kühlschrank nehmen oder grundsätzlich nach dem Kauf bei Zimmertemperatur aufbewahren. Ein frisches Ei erkennen Sie an einem gewölbten Dotter mit festem Eiklar und einem wässrigen Ring. Sinkt das Ei in einer Schüssel mit Wasser zu Boden, ist es frisch. Richtet es sich etwas auf, ist es etwa eine Woche alt. Steigt es an die Oberfläche, bitte entsorgen!

Nach dem Einkauf Eier gesondert aufbewahren, da sie schnell fremde Gerüche annehmen. Eier mit der Spitze nach unten lagern, sonst liegt der Dotter auf der Luftkammer und trocknet an.

Fleisch

Das Lebensmittel, dem wir im Grunde den höchsten Respekt zollen sollten, bietet in guter Qualität einmalige Genusserlebnisse. Achten Sie beim Einkauf auf Qualitätskriterien wie Farbe, Struktur und Marmorierung. Dabei kann Ihnen Ihr erfahrener Fachberater helfen. Mir ist wichtig, dass die Tiere, die ich verarbeite, artgerecht und nicht intensiv gehalten wurden und ausreichend Zeit zum Wachsen hatten, um so ein hochwertiges, fein marmoriertes Fleisch zu entwickeln. In meiner Küche werden alle Teile eines Tiers verwertet, denn wer einmal einem Tier ins Auge geblickt hat, bevor es stirbt, wirft nichts mehr von ihm weg.

Gut marmoriertes, also von feinen Fettadern durchzogenes Fleisch ist zarter und saftiger als sehr mageres. Durch den dünnen Fettrand bleibt das Fleisch beim Braten saftig. Und: Fett unterstützt den Eigengeschmack des Fleischs. Mageres Fleisch, das im eigenen Saft liegt, wird dagegen leicht trocken und zäh. Die Qualität ist minderwertig.

Die Fleischfarbe bei jüngeren Tieren ist immer heller, bei älteren dunkler. Kalbfleisch ist also rosa bis hellrot, Jungbullenfleisch hellrot bis mittelrot, Färsen- und Ochsenfleisch mittel- bis kräftigrot und Kuhfleisch dunkelrot. Jungbullen- und Kuhfleisch sind in der Regel gröber strukturiert als Färsen- und Ochsenfleisch; dabei spielt aber auch die Rasse eine übergeordnete Rolle.

Die Zartheit des Fleisches ist vor allem von der Reifezeit bestimmt. Kochfleisch ist nach fünf bis sechs Tagen gut, Brat- und Kurzbratfleisch sollte 14 Tage abhängen. Je länger das Fleisch hängt, desto deutlicher entwickelt sich das Aroma. Als zartestes Fleisch gilt das Ochsenfleisch, gefolgt von Färsenfleisch.

Wählen Sie richtige Fleischstück für Ihre Kochaktionen. Koch- und Bratenstücke sind günstiger als Stücke zum Kurzbraten.

Zum Grillen ein nicht zu fettes Fleisch verwenden. Denn Fett, das in die Glut tropft, bildet Rauch mit schädlichen Stoffen, die sich dann auf der Fleischoberfläche absetzen. In der Grillschale gart Fleisch noch gesünder.

Ganz allgemein: Achten Sie auf Hygiene beim Einkauf. Die Theken und Auslagen sollten sauber und gut gepflegt sein.

Rindfleisch

Rindfleisch ist der Oberbegriff für Fleisch von weiblichen Jungtieren (Färsen), Kühen, Bullen und Ochsen. Es eignet sich zum Grillen, Braten, Kochen und Schmoren. Die Fleischqualität hängt immer von der Rasse des Rindes, seinem Alter und Gewicht, der Art der Haltung und Aufzucht sowie vom Reifegrad ab. Damit es bekömmlich wird und sich gut zubereiten lässt, sollte Rindfleisch nach der Schlachtung noch mindestens zwei Wochen im Kühlhaus abhängen. Die einzelnen Teile vom Rind sind in ihrer Zusammensetzung sehr unterschiedlich.

Nackenfleisch, das sehr saftig und von Fettadern durchzogen ist, eignet sich gut zum Kochen und Schmoren, für Gulasch und Rollbraten.

Kleine Steakkunde

Chateaubriand: Der Name geht auf den französischen Schriftsteller und Politiker François-René de Chateaubriand zurück und bezeichnet ein doppeltes Steak aus der Mitte des Rinderfilets (Gewicht: 350 bis 500 Gramm).

Mignons: Die kleinen (frz.: mignon: niedlich), kurzgebratenen Medaillons mit 60 bis 80 Gramm Gewicht stammen aus dem schmalen Teil des Rinderfilets.

Rumpsteak: Das 200-Gramm-Stück aus dem Roastbeef wird klassisch mit einem eingeschnittenen, weißen Fettrand gebraten.

T-Bone-Steak schneidet man aus dem ganzen Roastbeef. Dabei werden Knochen, flaches Roastbeef und Filet in etwa 4 Zentimeter dicke und 600 bis 700 Gramm schwere Scheiben geteilt. Der Knochen (engl.: bone) hat dabei die Form eines »T«.

Tournedo: Aus dem Kopf des Rinderfilets schneidet man Lendenschnitten, Medaillons, Mignons. Sie werden in etwa 90 bis 100 Gramm schwere Stücke geschnitten. Damit die Tournedos beim Braten ihre runde Form beibehalten, vorher mit Küchengarn umwickeln.

Roastbeef gehört zu den zartesten, edelsten Teilen. Es stammt aus dem Hinterviertel, hat eine äußerst feinfaserige Struktur und eignet sich hervorragend für Kurzgebratenes, Braten im Backofen oder auch zum Grillen. Man unterscheidet den vorderen Teil, die Hohe Rippe (Vorderrippe oder Hochrippe) und das flache Roastbeef, das vor allem für Steaks oder für Bratenstücke verwendet wird.

Filet oder Lende ist das feinste Fleisch vom Rind. Aus diesem Stück schneidet der Metzger Filetsteak, Chateaubriand, Tournedo, Mignon und Medaillon.

Fleisch von der Hüfte ist fein marmoriert, sehr saftig und zart. Es ist ideal zum Schmoren wie für Steaks.

Kalbfleisch hat einen milderen Geschmack und ist besonders bekömmlich. Aufgrund seiner feinen Struktur kann man das Fleisch schon nach zwei bis drei Tagen Abhängen verarbeiten. Aus Kalbsrücken und Keule können ausgezeichnete Braten aber auch Steaks und Kurzgebratenes zubereitet werden.

Schwein

Gutes Schweinefleisch ist eine Basiszutat für viele Traditionsrezepte in der deutschen wie der internationalen Küche. Zudem werden viele Spezialitäten wie Schinken und Würste aus Schweinefleisch hergestellt. Mit dem Beginn der Intensivtierhaltung wurde den Tieren zum einen das Fett möglichst weg-, dafür Rippen dazugezüchtet – und das Ganze so billig wie möglich verkauft. Das Ergebnis: blasses, wässriges Fleisch von gestressten Tieren, das in der Pfanne zum harten Klumpen einschrumpfte. Heute haben einige Bauern die Kehrtwende geschafft mit der Zucht robuster älterer Rassen wie etwas das Schwäbisch-Hällische oder das Sattelschwein. Sie dürfen im Gegensatz zu den Turbomastschweinen, die gerade einmal drei bis fünf Monate ihr Leben fristen, sechs bis neun Monate auf der Welt sein und haben viel Auslauf, Licht und Luft sowie artgerechtes Futter. So entwickelt sich ein dunkles, aromatisches, fein marmoriertes, von Fett umgebenes Fleisch.

Tafelspitz im Glas

Für 1 Einmachglas à 1 l

600 g Tafelspitz / 200 g Wurzelgemüse (Möhre, Knollensellerie, Pastinake) / 1 Schalotte / 1 Knoblauchzehe / 1 Lorbeerblatt / 1 Thymianzweig

1 Das Fleisch waschen und halbieren. In einem großen Kochtopf reichlich Wasser zum Kochen bringen. Den Tafelspitz 2 Min. in kochendem Wasser blanchieren, herausnehmen, kalt abschrecken und in das Einmachglas geben.

2 Das Gemüse waschen, schälen und in grobe Stücke schneiden. Schalotte und Knoblauchzehe abziehen und halbieren. Gemüse, Lorbeer und Thymian in das Glas geben und bis zum Rand mit kaltem Wasser auffüllen. Das Glas schließen und bei 90 °C 9–10 Std. bei trockener Hitze garen.

Tipp

Das ist Kochen auf Vorrat! Einfach etwas mehr vorbereiten und dann im Kühlschrank lagern. Immer wieder ein Genuss – feinstes Rindfleisch und herrliche Brühe jederzeit griffbereit.

Basmatireispfanne mit Hackfleisch und Koriander

1 Den Reis nach Packungsanleitung garen und in einem Sieb abseihen. Den Koriander waschen, trocken schütteln und die Blätter abzupfen.

2 Das Hackfleisch mit dem Öl vermengen. Anschließend in einer heißen Pfanne anrösten und mit Curry bestäuben. Oyster-Sauce darunterrühren und das Fleisch weiter rösten, bis es gar ist. Den Reis gut mit dem Fleisch vermischen, den Koriander dazugeben und mit Pfeffer würzen.

Tipp

Ein tolles, schnelles Rezept, das auch Kindern super schmeckt.

Für 2 Portionen

200 g Basmatireis / 2 Stängel Koriander / 400 g Rinderhackfleisch / 1 EL Rapsöl / 1 TL Currypulver / 2 EL Oyster-Sauce / schwarzer Pfeffer aus der Mühle

Qualitativ hochwertiges Schweinefleisch riecht angenehm, ist rosa bis hellrot und glänzt matt. Seine Stücke sind elastisch. Das Fett ist fest und weiß, die Schwarte stramm.

Schweinefleisch sollte nach dem Schlachten zwei bis drei Tage reifen, Koteletts bis zu acht Tage. Würste werden von guten Metzgern noch warm nach dem Schlachten hergestellt (Warmfleischwursten; dabei kann man übrigens auch auf den Einsatz von Nitritpökelsalz verzichten). Lagern können Sie Schweinefleisch auf einer umgedrehten Untertasse in einer Schale (so liegt es nicht im eigenen Saft). Diese verschließen Sie mit einem Deckel, Folie oder feuchtem Tuch. Über dem Gemüsefach hält es im Kühlschrank zwei bis vier Tage, Koteletts bis sechs Tage, Hackfleisch, Geschnetzeltes und Innereien nur einen Tag.

Tipp

Weil es praktisch ist und weniger Arbeit macht, kauft mancher für sein Abendessen oder das Grillfest schon fertig mariniertes Fleisch. Zu beachten ist hier: Fleisch, das fertig eingelegt in den Handel gelangt, könnte oft nicht mehr ganz frisch sein. Kunden und selbst Lebensmitteltester tun sich wegen der Sauce schwer, mögliche Qualitätsmängel zu erkennen: Denn die Farbe der Sauce verbirgt die Fleischfarbe des Fleisches und die Gewürze überdecken den eigentlichen Geruch. Am besten ist es, frisches Fleisch zu kaufen und die Marinade selbst zu machen.

Schweinerücken wird im Ganzen, mit und ohne Knochen gebraten. Aus ihm schneidet der Metzger eher magere Steaks und Koteletts. Aus dem Kotelettstück, aber auch vom Kamm oder Bauch stammt das Kassler, das roh, gekocht und geräuchert in den Handel kommt.

Unter Rückenspeck versteht man weißen Speck ohne Fleischanteil.

Schweinenacken ist fetter und durchwachsener. Ihn gibt es im Stück oder in Scheiben, mit und ohne Knochen. Er eignet sich zum Schmoren von Nackenbraten, Gulasch und Rollbraten. Ungepökelt: zum Braten im Ofen. Nackenkoteletts machen sich gut auf dem Grill. Nackenkassler ist entweder gepökelt oder geräuchert.

Schweinefilet (Lende oder Lummer) ist mager, zart und saftig. In den Handel gelangt es im Ganzen oder als in Scheiben geschnittene Medaillons ohne Knochen. Es ist geeignet zum Schmoren und für Geschnetzeltes, zum Kurzbraten oder für Fondue.

Aus der **Keule** schneidet der Metzger *Hüfte* (Braten, Steaks, Schnitzel, Geschnetzeltes), *Oberschale* (Braten, Steaks, Schnitzel), *Haxe* (Braten, für Sülze, gepökelt für Eisbein, auch vom Bug) und *Schinken*.

Schweinebauch ist ideal für Eintöpfe und Rollbraten. Hier werden auch die Spareribs, Rippchen und Bauchspeck für Schmalz herausgeschnitten.

Aus der **Schulter** schneidet man Braten, Ragouts und Hackfleisch. Die Brust wird gerollt oder gefüllt zum feinen Braten.

Innereien – aus Leber, Zunge, Herz, Nieren, Ohren, Backen, Pfoten, Schwanz werden köstliche regionale Spezialitäten hergestellt.

Spanferkel sind mindestens sechs Wochen alt und wiegen etwa zehn Kilogramm oder mehr. Sie werden im Ganzen am Spieß oder im Bräter gebraten.

Lamm

Vor allem in der mediterranen, der französischen und afrikanischen Küche wird das Lamm geschätzt. Auch hierzulande gewinnt es immer mehr Anhänger. Als besondere Delikatesse gelten Heidschnucken aus der Lüneburger Heide und Salzwiesenlämmer von der Küste.

Geschlachtet werden die Lämmer meist im Alter von sechs bis zehn Monaten. Sind sie älter als ein Jahr, dürfen sie nicht mehr als Lamm, sondern nur noch als Schaf verkauft werden. Am besten schmeckt Fleisch vom Weide- oder Wanderlamm. Die kurz vor oder zum Frühjahrsbeginn geborenen Tiere verbringen den meisten Teil ihres Lebens auf der Weide und ernähren sich von Gras und Kräutern. Diese Haltungsweise schlägt sich in der Fleischqualität und einem hervorragenden Aroma nieder (»Prinzip Nahrungskette!«). Besonders zart ist das Fleisch von Milchlämmern, die mit Milch, Grünfutter und etwas Mastfutter großgezogen werden. Sie werden mit sechs Monaten geschlachtet. Lammfleisch schmeckt nach frühestens vier bis fünf Tagen Reifezeit. Ein qualitativ hochwertiges Lammfleisch sollte immer fest sein, dunkelrosa bis violett matt glänzen und angenehm würzig riechen.

Das Fleisch auf eine umgedrehte Untertasse in eine Schüssel legen und mit Deckel, Folie oder einem feuchten Tuch bedecken. So sind fettere Stücke über dem Gemüsefach zwei bis fünf Tage haltbar. Hackfleisch, Innereien und Geschnetzeltes hält sich einen Tag frisch. Tiefgefrorenes Lammfleisch aus Neuseeland und Australien ist heute gang und gäbe und von sehr guter Qualität, da die Tiere dort fast nur auf der Weide leben. TK-Lamm hält zehn Monate, fettes Fleisch fünf Monate. Zum Auftauen aus der Packung nehmen, im Kühlschrank auftauen, kalt abspülen und sofort verarbeiten.

Lammkeule ergibt feinwürzige Braten, Gulasch, Steak- oder Spießfleisch für den Grill.

Lammnacken (Hals oder Kamm) ist fein marmoriert und ideal für Gulasch oder Nackenbraten.

Lammrücken ist sehr zart und zum Braten im Ganzen oder als Koteletts geeignet.

Lammschulter (auch Bug, Blatt) ist relativ preiswert. Es gibt sie im Stück, mit oder ohne Knochen und gerollt. Sie ist ideal für Eintöpfe, Gulasch oder Rollbraten.

Geflügel

Hähnchen, Gans, Pute, Ente, Strauss & Co. sind eiweißreich und besitzen einen im Vergleich zu anderen Fleischsorten beachtlichen Vitamin-C- und Magnesiumgehalt sowie einen höheren Gehalt an Eisen und Phosphor. Hinzu kommt ein niedrigerer Cholesteringehalt. Bis heute gibt es zu bestimmten Festtagen, zum Beispiel am Martinstag oder zu Weihnachten, einen Geflügelbraten auf dem Tisch.

Geflügel ist unglaublich vielseitig. Es schmeckt im Ganzen oder in Stücken, gebraten, gegrillt oder geschmort.

Frisches, hochwertiges Geflügelfleisch erhalten Sie beim Geflügelhändler, im Feinkostgeschäft oder bei einem guten Metzger, und es hat im Gegensatz zur Massenware einfach seinen Preis. In der Industriegeflügelhaltung ist in den letzten Jahren sehr viel Schindluder getrieben worden, um billiges Fleisch zu verkaufen. Frischware wird bei einer Temperatur von 0 bis 2 Grad aufbewahrt, und die Kühlkette sollte bis zur Verarbeitung nicht unterbrochen werden. So hält Geflügel insgesamt etwa eine Woche.

Wenn Sie in Sachen Frische ganz sicher gehen wollen, unbedingt vorbestellen! Eine Alternative ist tiefgefrorenes Geflügel, das es heute in jedem gut sortierten Supermarkt gibt. Hähnchen sind bei -18 Grad ein Jahr, Pute eineinhalb Jahre und Gans und Ente acht Monate lang haltbar. Auftauen sollte man das Fleisch idealerweise im Kühlschrank: So wird die Fleischstruktur geschont.

Hygiene ist bei der Vor- und Zubereitung von Geflügel aufgrund der Salmonellengefahr sehr wichtig. Aufgetaute TK-Ware nie noch einmal einfrieren. TK-Ware sollte beim Auftauen nie mit anderen Lebensmitteln in Kontakt kommen. Die Auftauflüssigkeit sofort abgießen und das Fleisch kalt abspülen und trocken tupfen. Arbeitsbretter und Messer sowie Hände nach dem Kontakt gründlich heiß waschen. Geflügelfleisch sollte daher auch immer gut durchgegart werden. Gar ist das Fleisch, wenn es sich beim Anheben mit einer Gabel leicht von den Beinknochen löst. Andere Garprobe: Der Saft, der beim Anstechen austritt, ist wasserklar.

Man unterscheidet:

Hähnchenfleisch wird ganz und in Teilen angeboten, frisch und tiefgefroren. Hühnerrassen aus Frankreich sind bei Feinschmeckern besonders beliebt. Ganze männliche Tiere werden als »Hähnchen« verkauft. Stubenküken sind drei bis fünf Wochen alte Hähnchen und in etwa so groß wie ausgewachsene Wachteln (Gewicht: 350–400 Gramm). Ihr Fleisch ist zart und saftig. Des Weiteren gibt es Junghühner (oder Broiler, noch nicht geschlechtsreife Jungmasthühner), Poularden (ältere, schwerere Hähnchen), Suppenhühner (Legehennen) und Kapaune (kastrierte Junghähne, nur als Importware).

Truthühner können bis über 18 Kilogramm Gewicht entwickeln. Im Handel gibt es sie meist in Teilstücken (Schnitzel, Keule). Für einen Braten ist am besten eine Babypute geeignet, die nur etwa drei Kilogramm wiegt.

Ente und Gans haben unter der Haut relativ viel Fett. Ihr Fleisch schmeckt am besten vom Grill oder als Braten, damit das Fett ablaufen kann.

Wildgeflügel

Perlhuhn stammt heute vor allem aus Mastbetrieben. Sein Fleisch ist sehr mager und ähnelt vom Aroma her dem Fasan.

Wachtel – die kleinen Hühnervögel wiegen höchstens 100 Gramm und stammen aus Mastbetrieben, da die Wachtel unter Naturschutz steht. Ihr zartes und saftiges Fleisch schmeckt wildähnlich.

Fasan ist heute ebenfalls meist nur aus Zuchtbetrieben erhältlich. Sein Brustfleisch ist zart und hell, das Fleisch der Keulen dunkler und im Geschmack intensiver.

Wild

Wildfleisch ist eine echte Delikatesse, besonders fettarm und nährstoffreich und von extrem feiner Struktur. Je nach Teilstück und Fleischart lässt sich Wildbret kurzbraten oder schmoren. Das Fleisch von Hirsch, Reh, Wildschwein, Kaninchen, Hase, Ente, Fasan und Taube ist cholesterinarm, reich an Eiweiß, B-Vitaminen und Mineralstoffen, allen voran Eisen, Zink und Selen. Wildtiere haben vor allem Muskelfleisch zu bieten, was sie sehr bekömmlich macht. Wie Fisch (siehe Seite 192) enthält Wild reichlich ungesättigte Fettsäuren. Außerdem gilt Wildbret als unbelastet, da sich die Tiere mit naturgegebenem Futter ernähren und so keine Fremdstoffe aus Mastfutter, Hormonen oder Medikamenten ins Fleisch gelangen. Außerdem haben sie den ganzen Tag Bewegung und können so eine gesunde Muskulatur ausbilden.

Die dunkle Farbe von Wildfleisch kommt von dem stärkeren Gehalt an Muskelfarbstoffen. Lassen Sie sich am besten fachgerecht von einem spezialisierten Metzger beraten. Ganze Tiere sowie küchenfertige Teilstücke zu Erzeugerpreisen erhalten Sie auch direkt bei Jägern und Forstämtern. Bezugsquellen können Sie über Kreisjägerschaften oder Internetportale einzelner Bundesländer nachfragen. Während dieses Wild garantiert aus freier Wildbahn stammt, bieten Supermärkte eher Fleisch aus Gatterhaltung oder aus Übersee an. Hier kann man auch ganzjährig tiefgekühltes Wildfleisch kaufen. Wichtig ist ein möglichst langes Haltbarkeitsdatum.

Hauptsaison für frisches Wildbret ist der Herbst, da Wild in Deutschland gesetzlich festgelegten Schonzeiten unterliegt. Geschmacklich unterscheidet sich Wildfleisch erheblich.

Hirsch und Reh – das wohl beliebteste Wildbret kommt vom Reh. Es besitzt eine feine Struktur, eine dunkelrote Farbe und duftet aromatisch. Vor allem Rehrücken und die Keulen kommen in der Küche zum Einsatz. Hirsch hat einen kräftigeren wildtypischen Eigengeschmack. Die Jagdzeit für Rehe dauert von Mitte Mai bis Januar, Rotwild wird zwischen Juni und Januar gejagt.

Hase und Kaninchen – Hasen schmecken am besten bis zu einem Alter von acht Monaten, später dunkelt ihr Fleisch nach und ist dann geschmacklich sehr kräftig. Wildkaninchenfleisch ist zartrosa und besitzt ein süßliches Aroma. Kaninchen hat eine kürzere Garzeit als der Hase, das Fleisch ist vielseitiger verwendbar. Hasen werden zwischen Oktober und Januar gejagt, Kaninchen von Juni bis März.

Wildschwein – verzehrt werden nur Frischlinge und Sauen, da ausgewachsene Eber als ungenießbar gelten. Das Fleisch vom Schwarzwild ist sehr saftig und äußerst pikant. Frischlinge werden ganzjährig gejagt, Hauptjagdzeit ist von Mitte Juni bis Ende Januar.

Tipp

Schneiden Sie bei der Vorbereitung immer die sehnige Außenhaut mit einem scharfen Messer ab, so werden Braten saftiger. Da das Fleisch sehr schnell austrocknet, empfiehlt sich eine Speckhülle. So bleibt die Faserstruktur des Fleisches erhalten. Zum Bräunen des Bratens entfernt man die Speckscheiben etwa eine Viertelstunde vor Garende. Kräftige Gewürze wie Wacholderbeeren, Pfeffer, Liebstöckel, Majoran, Thymian, Rosmarin, Lorbeer, Piment und Nelken bringen das Wildaroma noch besser zur Geltung.

Wildgeflügel – unter dieser Kategorie versammeln sich Fasane, Wachteln, Wildtauben, Rebhühner, Wildenten und Wildgänse. Fasan hat im Spätherbst und frühen Winter Saison. Wildenten haben muskulöseres und fettärmeres Fleisch als Hausenten. Man brät oder schmort sie im Ganzen oder zerlegt sie in Keulen und Bruststücke. Jagdzeit ist von September bis Mitte Januar.

Fisch & Meeresfrüchte

Ernährungsbewusste haben ihn mindestens einmal pro Woche auf dem Tisch. Unsere heimischen Fischarten kommen aus Seen und Flüssen, ein Großteil dieses mit wertvollen Nährstoffen (allen voran gesunde Omega-3-Fettsäuren) gesegneten Lebensmittels stammt aus dem Meer. Qualitativ guten Fisch erhalten Sie beim Fischhändler Ihres Vertrauens oder im gut sortierten Supermarkt. Frischer (Meeres-)Fisch riecht nach Meer, hat klare, durchsichtige und pralle Augen, hellrote Kiemen, glänzende Haut mit einer klaren Schleimschicht, fest sitzende, glatte Schuppen, festes, elastisches Fleisch ohne Druckstellen. Bei leichtem Druck auf das Fischfleisch bleibt keine Mulde zurück. Beim Fischfilet sollten die einzelnen Muskelsegmente nicht auseinanderklappen.

Achten Sie beim Einkauf darauf, dass der Fisch ausreichend mit Eis bedeckt und gekühlt ist. Denn so hält er sich am besten.

Nach dem Einkauf auf einen Teller legen und mit einem Teller oder Folie bedecken. Im Kühlschrank hält sich Fisch ein bis zwei Tage. In die meisten Städte werden dienstags und freitags frische Fische geliefert. Hilfreich beim Einkauf ist das ASC-Siegel (Aquaculture Stewardship Council), das für hohe Umwelt- und Sozialstandards bei der Fischzucht steht. Bei Ökofisch gelten noch strengere Anforderungen an Platz, Futter und Umweltbedingungen. Ebenfalls empfehlenswert sind Produkte mit dem Siegel des Marine Stewardship Council (MSC) als Nachweis für nachhaltige Meeresfischerei. Hierbei wird nur so viel Fisch gefangen, wie auch wieder nachwächst.

Die wichtigsten Speisefische sind:

Forellen stammen aus der See und einem Fluss bzw. Fischteichen. Andere Süßwasserfische sind **Renken, Saiblinge, Lachsforellen, Zander, Hecht, Schleien** oder **Karpfen.** Sie alle zeichnen sich durch festes aromatisches Fleisch und Gräten aus, die man leicht entfernen kann. Sie eignen sich zum Braten (außer der Karpfen), Dämpfen und Pochieren. Ebenfalls zu den Süßwasserfischen zählt der **Lachs,** obwohl er den Großteil seines Lebens im Meer verbringt. Räucherlachs stammt meist aus Aquakulturen in Norwegen, Schottland oder Irland. Zuchtlachs ist oft fettreich und hat weniger festes Fleisch wie Wildlachs, der etwa doppelt so teuer wie Zuchtlachs ist.

Die beliebtesten Meeresfische sind **Kabeljau, Rotbarsch, Seelachs, Scholle** und **Hering. Seezunge** und **Steinbutt** liefern besonders delikates Fleisch. Brassen wie **Red Snapper** sind festfleischig und äußerst aromatisch. Die Gräten sind so groß, dass man sie leicht entfernen kann. Die Fische können bis zu zwei Kilogramm Gewicht auf die Waage bringen und sind ideal zum Backen im Ofen, zum Garen in Salz oder auch für den Grill.

Rotbarbe und **Sardine** gehören zu den kleineren Vertretern der Mittelmeerfische. Am besten schmecken diese aromatischen Fische mit Haut gegrillt, gebraten oder im

Ofen gegart. Bei sehr kleinen Fischen sind die (zahlreichen) Gräten so weich, sodass man sie sogar manchmal mitessen kann.

Scholle gehört wie **Seezunge** und **Steinbutt** zu den Plattfischen, wird häufig als Filet angeboten und schmeckt zart und sehr aromatisch. Plattfische im Ganzen werden am besten gebraten, gegrillt oder im Ofen gebacken.

Aal sieht schlangenartig aus und hat eine feste Haut, die man am besten vom Fischhändler abziehen lässt. Er ist extrem fett und schmeckt geschmort und gegrillt am besten.

Auch die **Makrele** ist ziemlich fettreich und würzig. Sie schmeckt gegrillt, im Ofen gebacken oder als Steckerlfisch.

Meeresfrüchte

Darunter versteht man alle essbaren, wirbellosen Tiere aus dem Meer. Dazu gehören die verschiedenen **Muschelsorten, Tintenfische** und **Kalmare, Garnelen, Krabben, Krebse** sowie **Hummer**. Meeresfrüchte können Fang- oder Zuchtprodukte sein.

Hochwertige Produkte bieten den optimalen »Treibstoff« für einen gesunden Körper.

Adressen & Bücher

Qualitativ hochwertiges Olivenöl:

STROMBERG* empfiehlt zum Beispiel die revolutionären **Nativen Olivenöle Extra von L'Olio Secondo Veronelli**:

Sie weisen ein Höchstmaß an ungesättigten Fettsäuren, gesundheitsfördernden Polyphenolen und Vitamin E auf. (bis zum fünf bis zehn-fachen Wert von traditionell hergestellten Olivenölen).

Diese Jahrgangsolivenöle, reinsortig produziert »nach der Methode Veronelli« aus entsteinten Oliven sind eine neue Qualitätsdimension für Olivenöl und eröffnen eine sonst nur vom Wein her bekannte Aromen- und Geschmacksvielfalt, sie sind nuancenreicher und feiner. Sie bieten ein gänzlich neues Geschmackserlebnis und eignen sich daher, sozusagen wie ein Gewürz, zur Geschmacksveredelung vieler Speisen.

Bezugsquelle:

KUTCHiiN Tagesrestaurant
Balanstrasse 73, Haus 32, 81541 München

Kochbücher von Holger Stromberg:

Pure Cooking, Collection Rolf Heyne

mit Jossi Loibl, C. P. Fischer: **Kochen mit dem Bauchgefühl.** *Genießen und sich wohlfühlen* auch bei Morbus Crohn und Colitis ulcerosa

www.holgerstromberg.de

LOGI-Methode

Glücklich und schlank.
Mit viel Eiweiß und dem richtigen Fett.
Das komplette LOGI-Basiswissen.
Mit umfangreichem Rezeptteil.
Dr. Nicolai Worm
978-3-927372-26-9 **19,90 €**

Das große LOGI-Kochbuch.
120 raffinierte Rezepte zur Ernährungsrevolution von Dr. Nicolai Worm.
Mit exklusiven LOGI-Kompositionen der Spitzenköche Alfons Schuhbeck, Vincent Klink, Ralf Zacherl, Christian Henze und Andreas Gerlach.
Franca Mangiameli
978-3-927372-29-0 **19,95 €**

LOGI durch den Tag.
Kombinieren Sie Ihren LOGI-Abnehmplan aus 50 Frühstücken, 50 Mittagessen und 50 Abendessen. Maximale Sättigung mit weniger als 1.600 Kalorien und 80 Gramm Kohlenhydraten pro Tag!
Franca Mangiameli
978-3-927372-79-5 **29,95 €**

Die LOGI-Akademie.
LOGI lehren – LOGI verstehen.
Ein Leitfaden zur Patientenschulung und zum Selbststudium.
Franca Mangiameli
978-3-927372-59-7 **48,00 €**

Das LOGI-Menü.
Logisch kombiniert: 50 Vorspeisen, 50 Hauptgerichte, 50 Desserts.
Franca Mangiameli
978-3-927372-60-3 **29,95 €**

Das große LOGI-Fischkochbuch.
Köstliche Gerichte mit Fisch und Meeresfrüchten aus heimischen Gewässern und aus aller Welt.
Susanne Thiel | Anna Fischer
978-3-942772-07-5 **19,99 €**

Das große LOGI-Back- und Dessertbuch.
Über 100 raffinierte Dessertrezepte, die Sie niemals für möglich gehalten hätten. So macht Leben nach LOGI noch mehr Spaß!
Mit ausführlichem Stevia-Extrakapitel.
Franca Mangiameli | Heike Lemberger
978-3-927372-66-5 **19,95 €**

Das große LOGI-Grillbuch.
120 heiß geliebte Grillrezepte rund um Gemüse, Fisch und Fleisch.
Ein Fest für LOGI-Freunde.
Heike Lemberger | Franca Mangiameli
978-3-942772-12-9 **19,99 €**

Vegetarisch kochen mit der LOGI-Methode.
LOGI ohne Fisch und Fleisch?
Na klar! 80 innovative und kreative LOGI-Veggie-Rezepte.
Wenige Kohlenhydrate – glutenfrei!
Susanne Thiel | Dr. Nicolai Worm
978-3-927372-80-1 **19,95 €**

Das neue große LOGI-Kochbuch.
120 neue Rezepte – auch für Desserts, Backwaren und vegetarische Küche.
Jede Menge LOGI-Tricks und die klügsten Alternativen zu Pizza, Pommes und Pasta.
Franca Mangiameli | Heike Lemberger
978-3-927372-44-3 **19,95 €**

Abnehmen lernen. In nur zehn Wochen!
Das intelligente LOGI-Power-Programm zur dauerhaften Gewichtsreduktion.
Mit diesem Tagebuch werden Sie Ihr eigener LOGI-Coach!
Heike Lemberger | Franca Mangiameli
978-3-927372-46-7 **18,95 €**

Leicht abnehmen! Geheimrezept Eiweiß.
Gewicht verlieren mit Eiweiß und Formula-Mahlzeiten. Und dann: gesund und schlank auf Dauer mit LOGI.
Dr. Hardy Walle | Dr. Nicolai Worm
978-3-927372-39-9 **19,95 €**

Leicht abnehmen! Das Rezeptbuch.
Gewicht verlieren mit Eiweiß und Formula-Mahlzeiten. Und für danach: 70 einfache und abwechslungsreiche LOGI-Rezepte.
Dr. Hardy Walle
978-3-927372-40-5 **12,95 €**

LOGI im Alltag, in der Praxis und in der Klinik.
Andra Knauer
978-3-942772-31-0 **8,99 €**

Bestellen Sie direkt beim Verlag.

Versandkostenfreie Lieferung.

Alle erschienenen Bücher sind sofort lieferbar.

Fett Guide.
Wie viel Fett ist gesund? Welches Fett wofür? Tabellen mit über 500 Lebensmitteln, bewertet nach ihrem Fettgehalt und ihrer Fettqualität.
Heike Lemberger
Ulrike Gonder | Dr. Nicolai Worm
978-3-942772-09-9 **9,99 €**

LOGI-Guide.
Tabellen mit über 500 Lebensmitteln, bewertet nach ihrem glykämischen Index und ihrer glykämischen Last.
Franca Mangiameli
Dr. Nicolai Worm | Andra Knauer
978-3-942772-02-0 **6,99 €**

Die LOGI-Kochkarten.
Die besten LOGI-Rezepte.
Einfallsreich, einfach, preiswert.
978-3-927372-45-0 **17,95 €**

Das große LOGI-Familienkochbuch.
Die LOGI-Ernährungsmethode für die ganze Familie in Theorie und Praxis.
Mit 100 tollen Rezepten, die auch Kindern schmecken.
Marianne Botta | Dr. Nicolai Worm
978-3-927372-96-2 **19,99 €**

Yoga/Achtsamkeit

Brahmadev Marcel Anders-Hoepgen ist eine der einflussreichsten Persönlichkeiten im Sampoorna Yoga. Bei systemed erscheinen seine Lehrmaterialien in Buchform, auf DVD und auf CD.

Das Hatha Yoga Lehrbuch.
Sampoorna Hatha Yoga, Perfektion in Bewegung. Die 150 schönsten Übungen.
Marcel Anders-Hoepgen
978-3-927372-53-5 **29,95 €**

- **Sampoorna Hatha Yoga Stunde** (DVD)
  978-3-927372-64-1 17,95 €
- **Sampoorna Hatha Yoga Stunde** (CD)
  978-3-927372-65-8 14,95 €

- **Sampoorna Hatha Yoga Stunde Stufe 2** (DVD)
  978-3-942772-04-4 17,95 €

- **Sonnengruß, Teil 1** (DVD + CD)
  Das perfekte Workout
  978-3-927372-77-1 16,95 €

- **Sonnengruß, Teil 2** (DVD + CD)
  Der perfekte Stressabbau
  978-3-927372-97-9 16,95 €

Nada-Yoga-Musik-Reihe

- **Shanti** (CD)
  978-3-942772-29-7 12,99 €
- **Gelassenheit** (CD)
  978-3-942772-15-0 12,99 €
- **Eternal OM** (CD)
  978-3-942772-16-7 12,99 €
- **Runterkommen** (CD)
  978-3-942772-17-4 12,99 €

- **Augenentspannung** (CD)
  978-3-927372-71-9 8,95 €
- **Gleichgewicht** (CD)
  978-3-927372-72-6 8,95 €
- **Nackenentspannung** (CD)
  978-3-927372-70-2 8,95 €
- **Oberen Rücken stärken** (CD)
  978-3-927372-73-3 8,95 €
- **Unteren Rücken stärken** (CD)
  978-3-927372-74-0 8,95 €
- **Bauchmuskulatur stärken** (CD)
  978-3-927372-75-7 8,95 €

- **Besser schlafen.** (CD) **Entspannung für die Nacht.**
  978-3-942772-25-9 12,99 €
- **Gut schlafen.** (CD) **Entspannung für die Nacht.**
  978-3-927372-62-7 9,95 €
- **Kraft tanken.** (CD) **Entspannung für den Tag.**
  978-3-927372-61-0 9,95 €

Yoga: Jeden Tag neu!
Über 100.000 mögliche Kombinationen für Übungseinheiten à 5 bis 10 Minuten.
Marcel Anders-Hoepgen
978-3-927372-69-6 **28,00 €**

Hebammen Yoga
Übungen zur Geburtsvorbereitung und Rückbildung. ***Inkl. Mantra-Audio-CD.***
Marcel Anders-Hoepgen
978-3-927372-99-3 **19,99 €**

- **Hebammen Yoga** (Doppel-DVD)
  Übungen zur Geburtsvorbereitung und Rückbildung.
  978-3-942772-03-7 16,95 €

Der Glücksvertrag
Das 21-Tage-Programm. Ein glückliches Leben in Balance dank einer Formel aus Psychologie und fernöstlicher Heilkunst. ***Inklusive DVD.***
Ashish Mehta | Gela Brüggemann
978-3-942772-14-3 **19,99 €**

Anti-Stress-Yoga.
Mit Yoga und Ernährung zurück in die Life-Work-Balance.
Petra Orzech
978-3-942772-46-4 **19,99 €**

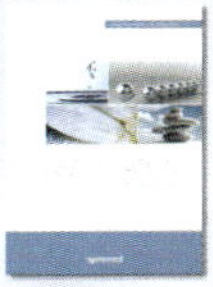

Andullation Quelle der Gesundheit
Einfache Wege gesund zu werden und zu bleiben
Birgit Frohn | Prof. Dr. Roland Stutz
978-3-942772-20-4 **18,99 €**

Schlank durch Achtsamkeit.
Durch inneres Gleichgewicht zum Idealgewicht
Ronald Pierre Schweppe
978-3-942772-00-6 **14,95 €**

Achtsam abnehmen – 33 Methoden für jeden Tag.
Ronald Pierre Schweppe
978-3-942772-30-3 **12,99 €**

Mut zur Trennung.
Plädoyer für eine mutige und produktive Entscheidung – Kinder brauchen Aufrichtigkeit.
Jutta Martha Beiner
978-3-942772-47-1 **15,99 €**

Mehr Infos zum Programm, zu den Autoren und zu weiteren Neuerscheinungen finden Sie im Internet auf www.systemed.de.

LOGI/Gesundheit

NEU

Low-Carb für Männer.
Ein Mann – (k)ein Bauch.
Jetzt noch übersichtlicher – mit komplett überarbeiteter Kohlenhydrattabelle zum Nachschlagen.
Barbara Plaschka | Petra Linné
978-3-942772-52-5 **15,99 €**

66 Ernährungsfallen
… und wie sie mit Low-Carb zu vermeiden sind.
- in typischen Alltagssituationen
- für Büro und Freizeit
- mit Einkaufsführer im Supermarkt
- mit ausführlichem Restaurant-Guide

Barbara Plaschka | Petra Linné
978-3-927372-55-9 **15,95 €**

Gute Kohlenhyrate – schlechte Kohlenhydrate
Pfunde verlieren und Energie tanken
Barbara Plaschka | Petra Linné
978-3-927372-81-8 **12,95 €**

Auroris Taschenbücher

NEU

Schwer verdaulich.
Wie uns die Ernährungsindustrie mästet und krank macht.
Pierre Weill
978-3-942772-40-2 **12,95 €**

NEU

Das Kohlenhydratkartell.
Über die Diätkatastrophe, die finsteren Machenschaften der Zuckerlobby und Wege aus dem Diätendschungel.
Clifford Opoku-Afari
978-3-942772-39-6 **12,95 €**

ERSCHEINT SEPTEMBER 2013

VORBESTELLBAR AB SOFORT!

Der LOGI-Muskel-Coach.
Die ultimative Sporternährung für Muskelaufbau und Ausdauertraining.
Dr. Torsten Albers | Dr. Nicolai Worm
978-3-942772-13-6 **19,99 €**

Bauch, Beine, Po – das LOGI-Workout für Frauen. (DVD)
Inklusive ausführlichem Booklet.
Matthias Maier | Dr. Nicolai Worm
978-3-927372-98-6 **14,95 €**

Mehr vom Sport!
Low-Carb und LOGI in der Sporternährung.
Unter Mitwirkung zahlreicher Spitzensportler: Boxweltmeister Felix Sturm, Schwimmprofi Mark Warnecke, Leichtathlet Danny Ecker und viele mehr.
Clifford Opoku-Afari | Dr. Nicolai Worm
Heike Lemberger
978-3-927372-41-2 **19,95 €**

FÜR FACHKREISE

LOGI und Low Carb in der Sporternährung.
Glykämischer Index und glykämische Last – Einfluss auf Gesundheit und körperliche Leistungsfähigkeit.
Jan Prinzhausen
978-3-927372-30-6 **24,90 €**

Endlich schlank ohne Diät
Erfolgreich abnehmen ohne JOJO-Effekt und Kalorienzählen - nach dem LOGI-Erfolgsprinzip von Dr. Nicolai Worm.
Anna Cavelius
978-3-942772-10-5 **9,99 €**

Fit mit 100
Jung bleiben, länger leben
- Ein Leben lang schlank & glücklich
- Programme für Körper und Seele
- 100 wertvolle Ernährungstipps

Klaus Oberbeil
978-3-927372-93-1 **14,99 €**

Kräuter & Gewürze als Medizin
- Gesund und schlank mit Vitalkräften aus der Apotheke der Natur.

Klaus Oberbeil
978-3-927372-92-4 **19,95 €**

NEU

Ich habe so lange auf Dich gewartet!
Der lange Weg durch die Kinderwunschtherapie. Ein Tagebuch – ärztlich kommentiert und ergänzt – über Hoffnungen, Misserfolge, Wegbegleiter und das Wunschkind.
Prof. Dr. Michael Ludwig | Maileen L.
978-3-942772-11-2 **15,99 €**

Der Burnout-Irrtum
Ausgebrannt durch Vitalstoffmangel – Burnout fängt in der Körperzelle an!
Das Präventionsprogramm mit Praxistipps und Fallbeispielen.
Uschi Eichinger | Kyra Hoffmann
978-3-942772-06-8 **19,99 €**

Gesund durch Stress!
Wer reizvoll lebt, bleibt länger jung!
Hans-Jürgen Richter | Dr. Peter Heilmeyer
978-3-927372-42-9 **15,95 €**

Allergien vorbeugen.
Schwangerschaft und Säuglingsalter sind entscheidend!
Dr. Imke Reese | Christiane Schäfer
978-3-927372-50-4 **14,95 €**

Natürlich verhüten ohne Pille.
Welche Methode ist die beste?
Alle sicheren Alternativen. Was tun bei Kinderwunsch? Wie man die natürlichen Techniken rasch und sicher erlernt.
Anita Heßmann-Kosaris
978-3-927372-63-4 **14,95 €**

Köstlich kochen mit Tee.
Einfache und inspirierende Rezepte.
Tanja und Harry Bischof
978-3-927372-67-2 **18,95 €**

Yes, I can!
Erfolgreich schlank in 365 Schritten.
Dr. Ilona Bürgel
978-3-927372-51-1 **15,00 €**

systemed Verlag
Kastanienstraße 10
D-44534 Lünen
Telefon: 02306 63934
Fax: 02306 61460
faltin@systemed.de

systemed verlag

LOGI/Gesundheit

NEU

Menschenstopfleber.
Die verharmloste Volkskrankheit Fettleber.
Dr. Nicolai Worm
978-3-927372-78-8 **19,99 €**

-BEST-SELLER

Heilkraft D.
Wie das Sonnenvitamin vor Herzinfarkt, Krebs und anderen Zivilisationskrankheiten schützt.
Dr. Nicolai Worm
978-3-927372-47-4 **15,95 €**

NEU

Ethisch Essen mit Fleisch.
Eine Streitschrift über nachhaltige und ethische Ernährung mit Fleisch und die Missverständnisse und Risiken einer streng vegetarischen und veganen Lebensweise.
Lierre Keith | Ulrike Gonder
978-3-927372-87-0 **14,99 €**

Stopp Diabetes!
Raus aus der Insulinfalle dank der LOGI-Methode.
Katja Richert | Ulrike Gonder
978-3-927372-56-6 **16,95 €**

NEU

Stopp Diabetes! Praxisbuch.
Ernährungs- und Bewegungspläne.
LOGI-Methode.
Ein besseres Leben mit Diabetes.
Katja Richert
978-3-942772-08-2 **16,99 €**

Syndrom X oder Ein Mammut auf den Teller!
Mit Steinzeitdiät aus der Wohlstandsfalle.
Dr. Nicolai Worm
978-3-927372-23-8 **19,90 €**

Mehr Fett!
Warum wir mehr Fett brauchen, um gesund und schlank zu sein.
Ulrike Gonder | Dr. Nicolai Worm
978-3-927372-54-2 **19,95 €**

NEU

Iss einfach gut.
Das Prinzip Nahrungskette – einfach und pragmatisch erklärt vom Koch der deutschen Fußballnationalmannschaft.
Holger Stromberg
978-3-942772-28-0 **18,99 €**

auch erhältlich in Luxusausführung (mit Poster, mit Moleskine Gummi und Kalender als Poster)
978-3-942772-50-1 **24,99 €**

Die Schlafmangel-Fett-Falle.
Schlechter Schlaf macht dick und krank. Wie Sie trotzdem gesund und schlank bleiben.
Dr. Nicolai Worm
978-3-927372-94-8 **14,95 €**

Das angesagte, neue Ernährungsthema im systemed Verlag: Gezielt essen bei Krebserkrankungen, Alzheimer und Demenz mit ketogener Ernährung.

NEU

Krebszellen lieben Zucker – Patienten brauchen Fett.
Gezielt essen für mehr Kraft und Lebensqualität bei Krebserkrankungen.
Prof. Ulrike Kämmerer
Dr. Christina Schlatterer | Dr. Gerd Knoll
978-3-927372-90-0 **24,99 €**

NEU

Stopp Alzheimer!
Wie Demenz vermieden und behandelt werden kann.
Dr. Bruce Fife
978-3-942772-26-6 **24,99 €**

ERSCHEINT JUNI 2013

VORBESTELLBAR AB SOFORT!

Ketoküche für Einsteiger: Rezepte und Kraftshakes.
Über 50 ketogene Rezepte zur Krebstherapie, Alzheimerprävention und Gewichtsreduktion.
Ulrike Gonder | Andra Knauer
978-3-942772-42-6 **12,99 €**

NEU

Stopp Alzheimer! Praxisbuch.
Wie Demenz vermieden und behandelt werden kann.
Dr. Bruce Fife
978-3-942772-27-3 **12,99 €**

NEU

Kokosöl (nicht nur) fürs Hirn!
Wie das Fett der Kokosnuss helfen kann, gesund zu bleiben und das Gehirn vor Alzheimer und anderen Schäden zu schützen.
Ulrike Gonder
978-3-942772-38-9 **5,99 €**

NEU

Das Beste aus der Kokosnuss.
Natives Bio-Kokosöl und Bio-Kokosmehl.
Ulrike Gonder
978-3-942772-56-3 **4,99 €**

NEU

Positives über Fette und Öle.
Warum gute Fette und Öle so wichtig für uns sind.
Ulrike Gonder
978-3-942772-57-0 **4,99 €**

Alle 3 Broschüren im Paket
978-3-942772-55-6 **12,00 €**